湖北科技学院博士启动基金项目“反腐败与企业创新：政策评估与机制分析”（BK202025），2019年湖北省社科基金一般项目“中国经济增长的动能研究：基于省域制度质量的视角”（编号：2019068）成果

中国经济增长的动能研究

—— 基于省域制度质量的视角

Zhongguo Jingji Zengzhang de Dongneng Yanjiu

华锐 著

WUHAN UNIVERSITY PRESS
武汉大学出版社

图书在版编目(CIP)数据

中国经济增长的动能研究:基于省域制度质量的视角/华锐著.
—武汉:武汉大学出版社,2021.5(2022.4重印)
ISBN 978-7-307-21617-4

Ⅰ.中…　Ⅱ.华…　Ⅲ.中国经济—经济增长—研究　Ⅳ.F124.1

中国版本图书馆CIP数据核字(2020)第113490号

责任编辑:陈　红　　责任校对:汪欣怡　　版式设计:马　佳

出版发行:**武汉大学出版社**　(430072　武昌　珞珈山)
(电子邮箱:cbs22@whu.edu.cn　网址:www.wdp.com.cn)
印刷:武汉邮科印务有限公司
开本:720×1000　1/16　印张:10.5　字数:188千字　插页:1
版次:2021年5月第1版　2022年4月第2次印刷
ISBN 978-7-307-21617-4　定价:36.00元

序　言　一

华锐博士是一位认真、严谨、勤奋的青年学者，近年来一直致力于经济学的研究和应用，成果颇丰。今年4月22日，他打电话给我，请我给他的新作《中国经济增长的动能研究——基于省域制度质量的视角》作序。接到电话后，我既感到非常高兴，又感到惶恐不安。一般作序者，要么是这方面的专家学者，要么就是有影响力的领导或者名人。我两者都不是，如何能完成这一重大任务？但他非常相信我，又非常诚恳，如我再推辞，显得不恭不义。

接到任务后，我认真进行了研阅，也进行了许多思考。中华人民共和国成立七十年以来，中国人民创造了世所罕见的经济快速发展奇迹，经济总量稳居世界第二位，对世界经济增长贡献率超过30%。中国经济在短短的几十年所取得的伟大成就，得到了全世界的公认，也引起众多专家学者和各界人士的广泛讨论。中国经济增长的动能到底是什么呢？我们可以从不同角度进行阐述。习近平总书记在庆祝改革开放40周年大会上曾指出，改革开放是党和人民大踏步赶上时代的重要法宝，是坚持和发展中国特色社会主义的必由之路，是决定当代中国命运的关键一招，也是决定实现"两个一百年"奋斗目标、实现中华民族伟大复兴的关键一招。改革开放是当代中国最显著的特征，因此，可以说，中国经济增长的根本原因就是改革开放。改革使中国特色社会主义制度进一步完善，并充满活力和生机，彰显中国特色社会主义的制度优势；开放使中国走向世界，学习国外先进技术和管理经验，并融入世界经济潮流之中，成为引领世界经济发展的重要力量。但是，改革开放又是如何成就中国经济增长奇迹的呢？华锐博士从三驾马车、三次产业、资本驱动、效率改善、制度驱动、结构转换、要素重置、省域制度质量提升等八个方面进行了详细阐述，认为前七个方面在推动中国经济快速增长中发挥了重要作用，但只有省域制度质量的提升才是中国经济增长的根本动能。

从省域制度质量提升的角度来研究中国经济增长之迷是一个非常具有挑战性的课题。中国特色的制度体系许多优势，而最主要的优势就是集中力量办大事，快速决策和执行。但在改革开放以前，又形成了高度集中的计划经济体制，严重束缚了生产力的发展。如何充分发挥集中力量办大事的体制优势，但又能充分调动各方面积极性，这是摆在中国社会面前的一个难题。要解决这一矛盾，在宏观层面来说，必须改革生产关系不适应生产力发展的方面，同时改革上层建筑不适应经济基础发展的方面，解放和发展生产力；而在制度层面来说，必须在中央和地方、政府和市场、农村和城市、国内和国外等方面进行权力界定和制度重构。所谓搞活，主要是给地方放权、市场化改革、城乡流动、全面对外开放等。给地方放权，这是重大的体制改革。地方最主要的就是以省为单位的区域，中央和地方的关系，主要表现在中央和省的关系。虽然从政权构架来说，省域有四级政府，即省政府、市政府、县政府、乡政府，但从经济角度来说，乡无一级财政，而市县两级经济管辖权同属于省，所以，中央和地方的经济关系，其实就是中央和省的经济关系。改革开放以来，中央为调动两个积极性，赋予省级政府更多的经济决策权，从而推动地方经济的发展，支撑中国经济创造了奇迹。广东、江苏、浙江等省份经济总量富可敌国，2019 年广东经济总量过 10 万亿，相当于西班牙、澳大利亚等国的总量，也就是说，相当于一个中等发达国家的总量。所以，研究省域经济增长是破解中国经济增长之迷的一个重要途径。华锐博士从省域方面着手，特别是从省域制度方面着手，无疑是抓到了关键点。

为此，华锐博士进行了大量的实证研究和理论构建。他从物质资本、人力资本、全要素生产率三方面进行了深入探讨，发现这三个方面的差异共同造成了地区发展水平的差异。但又是什么原因使这三个方面在各省形成差异呢？华锐博士提出了本书最有创新的理论构建，即改革开放指标体系。通过改革开放指标体系分析，发现不同省份间的制度质量差异是影响本区域经济发展的关键因素。为了验证其结论的精准性和稳定性，华锐博士对制度质量与经济增长进行了实证研究，得出了制度质量改善与物质资本、人力资本、全要素生产率提升的数量关系，从而反衬制度对经济增长的关键作用。在推动经济增长的动力中，天赋配置、政治关联等都对经济增长产生重要作用，这些方面的研究很有意义，但长期被忽视。华锐博士进行了深入分析，提出了许多重要结论，这些结论具有很强的指导意义。无论是天赋配置还是政治关联，都与制度质量的提升有很大的关系，如提出天赋的生产性配置促进经济增长，而非生产性配置抑制经济增长。又如随着制度质量的提升，政治关联作用对企业的促进作用逐渐减弱。从理论逻辑来看，华锐博士给我们提出了中国经济增长之迷的解决方案：制度相比其他因素更能促进经济增长，而制度之中，省域制度质量的提升又是最为关键的因素。由此，他给出了促进中国经济增长的新的药方：深入制度改革，提升制度质量；重新审视经济发展模式，实现新旧动能转换；构建新型政商关系；实现企业战略从“关系型”向“创新型”转变。这不仅反映华锐博士是一位认真谨慎知识渊博的学者，更是一位推动中国经济发展的实干家，体现了一位青年学者的良心和责任。

经济增长自古以来就是经济学者关注的重点，但是，研究经济增长这么一个宏观且抽象的问题，几乎不可能面面俱到，因此选取的角度十分重要，经济学大师们各有视角对此进行研究。如亚当·斯密从劳动分工的微观理论拓展到宏观层面，希望给国家提出有关经济增长的建议；马尔萨斯以人口增长的角度观察经济增长，为后世提供了一个全新且重要的视角；凯恩斯以有效需求为基础，提出了就业等理论，企图破解美国 20 世纪 30 年代大萧条的原因。华锐博士提出省域制度质量的提升是经济增长的根本动力，既是一个全新视野，也是一个重要结论。也许我们站在不同角度可能否定他的结论，但不论是大师之作还是我们日常的研究，研究问题的步骤无疑是共通的，即选角度、摆事实和讲道理，因此，华锐博士的分析和结论无疑是科学的、有意义的。

正如作者所说，限于数据的不完整性，特别是缺乏地市级数据，研究不能更加深入细致；虽然进行了大量实证研究，引用了大量理论成果，但没有建立严密的理论模型，使得研究缺乏理论支撑。罗马不是一日建成的，希望作者再接再厉，拿出更有价值的成果。同时我想，经济学家需要理论模型，但不能限于理论的假设和推理，而应该更着重于事实的分析以及建立在事实基础上提出的政策措施。经济学本是一门经时济世之学，要以活生生的事实和案例为研究对象，提出具有实践性操作性指导性的意见和建议，而不能局限在数字游戏之中而自娱自乐，也不能囿于自己的理论体系而作茧自缚，更不能将西方的某些理论硬搬到中国的现实中，得出一些似是而非的结论。现在有一种不好的倾向，把经济学搞得神神秘秘，让别人看不懂，看似有高深的理论逻辑和数字推演，实则损害了经济学的本义，其结论更是被事实和实践所摒弃。曾几何时，西方抛出了“中国崩溃论”，有大量的假设和数据，结果中国不仅没有崩溃，而恰恰是“中国崩溃论”的崩溃。我们中国的经济学者既要有全球眼光，更要站在中国的大地上，端起自己的饭碗，提出自己的经济理论。

今年是一个特别之年。新型冠状病毒肺炎全球大流行，全世界为之恐慌。如今武汉保卫战、湖北保卫战已取得决定性成果，全国疫情防控已取得重大战略成果，而海外主要疫情国家感染人数仍在大幅增长，美国感染者更是超 200 万，死亡者超 11 万。中西对比，更显中国制度的优势，而改革开放以来奠定的强大物质基础和巨大的生产能力发挥了关键性作用。疫情严重影响世界经济走向，更呼唤经济学家提出真知良策。希望看到更多的学者像华锐博士一样，深入中国的省市县认真研究中国经济，提出更多有利于中国经济发展的理论观点和政策建议，为中国经济持续发展添砖加瓦。

是为序。

鄢文军

庚子鼠年晚春于咸宁温泉

序　言　二

由于工作的原因，能见到华博士的机会并不多，其中有两次印象比较深刻。第一次是在校园散步时，我俩不期而遇，交谈中，才知道他是刚回校工作的老师。同时惊喜地了解到，他的一个老师与我竟然是老相识，不免瞬间多了几份亲切。谈话期间，华博士还提出，以后可能会来“麻烦”我，希望有机会多多交流。虽然完全不知道他想干什么，但我还是满口答应了下来。

没想到很快就有我们的第二次见面，是在我的办公室里。他拿出自己的专著样稿，笑呵呵地跟我说，这次真的来“麻烦”我了。原来，他是邀请我为他即将出版的新书写序，浏览了样稿之后，我欣然答应此事。

学马克思理论出身的我，对经济学严谨的实证研究自然十分感兴趣，虽然对部分论证无法完全理解，但这并不妨碍我对本书主要观点的理解——制度才是经济长期发展的根本动力，这是我们这代人的共识。

关于经济增长动能的研究很多，研究视角各异，比如产业结构，又比如“三驾马车”等，这些都能论证中国的增长奇迹，但随之两个问题来了：第一，产业结构优化和三驾马车飞驰是中国经济发展的“因”，还是中国经济发展的“果”呢？第二，这么多动能，哪些是直接动能？哪些是根本动能？这些不仅是一个严谨的学术问题，也是严肃的政治问题，需要学者们好好厘清。

新制度经济学的创始人诺斯告诉了我们结论，产权制度和政治制度的制定均先于经济发展，并最终决定经济增长，成为经济增长的根本动力。劳动和资本是经济增长的手段，是经济增长的结果。确实地，展开中国经济发展的历史长卷，我们就会发现这个观点的正确性。1953—1956 年三大改造完成后，中国进入了社会主义社会，实行全民所有制和集体所有制。20 世纪 60 年代确立了计划经济制度，奠定了国民经济的物质基础。这些制度的建立有助于短期内医治旧中国遗留下来的经济恶性波动，以顺利地渡过经济困难时期，使人民生活得到明显改善。在第一个五年计划之后，我国迅速建立起比较完整的基础工业体系和国防工业体系，为国家工业化奠定了初步基础，从而为国民经济的长远发展创造了有利的条件。1978 年改革开放后，我国实施公有制为主体、多种所有制经济共同发展的基本经济制度。这种转变是切合实际的，适应了中国的生产力发展现状，成就了当今中国的繁荣昌盛。改革开放后，中国经济的年均增速为9.6%，远高于改革开放前的年均6.1%，2019年GDP是1978年的270倍，成为世界第二大经济体。人均预期寿命增至近80岁，受过高等教育的人口达到7000万以上。同时，市场主体的自主创新能力大幅提升，建立起完整的现代工业体系，并向全球价值链中高端迈进。由此可见，制度的逐步完善，或者说制度质量的逐步提升，是中国经济发展的根本动力。

作为改革开放的受益者，我更能感同身受，制度每一次改善都会带来中国社会的巨大飞跃。当然，我也惊讶于作者能如此深刻地理解这个观点，这对于一个生于改革开放后的“80后”来说，是不容易的。只有长期关注中国经济，关心民生民情，才会有如此深刻的理解。

在机制研究方面，本书分析了三条作用机制——全要素生产率、天赋配置和政治关联。

政治关联则是我很感兴趣的视角，研究这个问题对中国经济的发展具有实际的指导意义。自古以来，官商之间，你中有我，我中有你，剪不断理还乱。2013年以来中央强力反腐，目的就在于肃清政商之间的沆瀣一气，建立亲清的新型政商关系，营造友好的营商环境。由此可见，制度质量、政治关联与企业创新之间确有研究必要。本书对制度质量与企业创新的关系以及政治关联与企业创新的关系进行了详细的实证研究，其中的结论符合中国实际，无论对政府治理，还是企业管理都具有非常重要的指导意义。

本书的出版不论是对作者本人，还是对于学校来说，都是非常有意义的事情。学校正处在转型发展的关键时期，申硕和师范认证等工作均迫在眉睫，科研上每一项成果的取得，都为我校事业发展增添了成功砝码，希望有越来越多的年轻人，能够砥砺前行，与学校共同成长。也希望此书的出版，能够幻化为作者飞翔的翅膀，使其在科研的天空中越飞越高。

田辉玉

2020年初夏于揽月湖

前　言

2017年11月，美国《时代》周刊一出版便惊艳世界，原因是其首次在杂志封面上使用了两种语言，分别为中文和英文，标题赫然写着“中国赢了”。中国赢了，是一个不争的事实，那么，中国赢得世界的秘密是什么，或者说，中国经济取得巨大成功的秘密是什么？这是一个研究了很多年的课题，几乎所有领域的学者都能指点一二，原因很简单，中国经济的成功是多重动能共振的结果。因此，想找一个所有人都信服的理由当然很难。与此同时，随着中国不断地“从胜利走向胜利”，此课题显示出勃勃生机，并且常谈常新。近年来，研究成果越来越多，研究越来越深入，但显然，这哪会有穷尽呢？对中国经济的研究完全可以成为学者们一辈子追求的事业。

2014年，笔者师从于武汉大学经济与管理学院庄子银教授。庄老师长期关注技术创新和经济增长，其学富五车，著作等身，却是个十足的“佛系”导师。师弟师妹们很多次跟我“投诉”，庄老师电话不接，短信不回，没法毕业了。笔者也总会安慰他们说，作为学者，庄老师独立思考，不喜打扰，同时也开出“药方”，以后完全可以去教室“堵”他嘛。当然，一旦开始指导，庄老师对学生的教导是相当严厉的，写东西不仅要求速度快、效率高，最好要高于他本人的要求，因此，作为庄老师的学生，被批评教育是家常便饭了。

庄老师深厚的学术修养培养了他灵敏的学术嗅觉。2017年，庄老师敏锐地观察到即将到来的2018年和2019年会是中国最重要的年份，因为2018年是中国改革开放40周年，2019年是中华人民共和国成立70周年。在这样一个特殊的历史时点上，重新全面地审视中国经济成功的秘诀实在是再好不过的研究课题了。于是，在2017年暑假，庄老师引导我从省域制度质量的视角去探究中国经济奇迹的秘密。

经济学家张五常在他的关门之作——《中国的经济制度》中说，中国的经济制度是个奇迹，既精彩又重要。他从合约约束竞争的角度出发，认为中国的经济制度是一连串承包合约的组合，承包权和所有权的分离，激烈的县域竞争等引致了中国奇迹。钱颖一等从政府体制角度出发，提出行政分权和财政分权是中国奇迹发生的原因，并提出了著名的“中国特色的联邦主义”的假说。周黎安则从 GDP 晋升锦标赛的角度进行阐述，晋升锦标赛是上级将地区的治理任务(如 GDP、投资、各种民生工程等)以“发包”的形式逐级发放给下级，规避了委托—代理问题带来的效率损失和高额交易成本，促成了中国经济奇迹。总的来看，无论从哪个视角来解释中国经济奇迹，似乎都离不开制度优化设计及其带来的制度质量提升，因此，从省域制度质量的视角探究中国经济，是个极其重要且引人入胜的课题。

与此同时，笔者也发现，现有文献对为什么从省域制度质量层面进行探究，省域制度质量指数如何构建，省域制度质量如何影响中国经济增长等问题的研究，往往是不够系统的。因此，本书希望在这些方面多加完善，也希望在微小之处有所创新。至于怎么写？写了什么？请允许我在这里卖个小关子，不再赘述，劳烦各位读者在书中寻找答案。

虽经多轮修改，终归囿于水平，难免诸多疏漏和考虑欠周之处，请各位见谅。同时也恳求各位能提出意见，笔者在这里一并接受并由衷感谢。

华　锐

2020 年 3 月 1 日于咸宁揽月湖

目　录

第1章　绪　　论

1.1　选题背景与研究意义

1.1.1　选题背景

2018年是中国改革开放40周年。经过40年的发展，中国作为一个经济大国震撼了全世界。即便在十几年前，也很少有人敢预测中国能够迅速成长为一个区域性工业大国，更别说全球性经济大国。事实是，仅仅在一代人的时间里，中国创造的生产力，比过去5000年创造的生产力总和还要多，从一个极度贫穷、人均收入仅是撒哈拉以南非洲平均水平1/3的农业国，迅速地转变为世界上最大和最具活力的制造业大国（Acemoglu和Robinson，2012）。

以2018年为例，中国经济总量稳居世界第二位，人均国内生产总值增至64644元①。公共服务体系基本建立、覆盖面持续扩大，新增就业持续增加，贫困人口大幅减少，生态文明建设取得新进展，人民生活水平和质量加快提高。第三产业增加值占国内生产总值比重超过第二产业，基础设施水平全面跃升，农业连续增产，常住人口城镇化率达到55%，一批重大科技成果达到世界先进水平。对外开放不断深入，中国成为全球第一货物贸易大国和主要对外投资大国②，中国经济实力和国际影响力持续增强。

2008年全球经济危机之后，中国出口按过去增长趋势几乎永久性地削减了40%（文一，2016）。"中国经济崩溃论"再次喧嚣尘上，然而，在经历近10年的考验之后，中国经济没崩溃，反而表现出历史上少有的稳定和活力，中国经济进入了"新常态"，纵然经济增速"换挡"，但其增速依然傲视全球，同时，

---

① 国家统计局．中国统计年鉴2019．北京：中国统计出版社，2019．

② 《中共中央关于制定国民经济和社会发展第十三个五年规划的建议》，2015年11月3日。

中国的经济增长方式正在悄然改变，经济结构不断优化，增长质量显著提高，中国正向建成全面小康社会，实现第一个一百年奋斗目标稳步迈进。

中国经济的辉煌成就是什么力量推动的呢？无数学者对此进行分析，并提出了很多有益的见解——要素驱动、效率提升、要素重置、结构转换等，学者们部分地解释了中国经济增长的原因，但未能全面地解释中国经济增长的根本动能。因此，本书从中国经济起飞的起点出发，探寻中国经济增长的根本动能。

通过对中国制度变迁的历史进行梳理发现，中国经济的巨大成功始于由邓小平主导的改革开放政策的实施。1978年12月，十一届三中全会提出中国开始实行“对内改革、对外开放”的政策。中国的对内改革从农村开始，1978年11月，安徽省率先拉开了中国对内改革的大幕，安徽省凤阳县小岗村实行“分田到户，自负盈亏”的家庭联产承包责任制(大包干)，第二年即获丰收。1979年7月，中国迈开了对外开放的历史性脚步，中央正式批复，在对外经济活动中，广东、福建两省实行特殊政策、灵活措施。改革开放后，中国建立了社会主义市场经济体制，使得中国发生了巨大的变化。1992年邓小平发表南方谈话后中国改革进入了新的阶段，1992年10月召开的党的十四大宣布，新时期中国最鲜明的特点是改革开放。改革开放成为中国的一项基本国策，是中国共产党在社会主义初级阶段基本路线的两个基本点之一，是强国之路，是国家发展进步的活力源泉，是社会主义事业发展的强大动力。

由以上分析看，制度变革引致制度质量的提高，继而促进经济高速发展，因此，制度才是中国经济增长的根本动力。Acemoglu(2003)也认为制度对经济发展至关重要，其跨国研究发现，拥有有力产权保护和良好社会治理的国家，往往更加富裕。Zhu(2012)通过观察中国的经济实践发现，渐进且持续的制度和政策改革减少了扭曲，改善了经济激励机制，这是中国奇迹发生的根本动力。因此，本书试图从制度质量的角度，研究中国经济增长的根本动力。然而，通过研究发现，中国经济起飞是在国家整体制度质量没有显著好转的情况下产生的，所以，“中国经济增长奇迹”变成了“中国经济增长之谜”，这一切均提示我们，从国家层面的制度质量研究中国经济奇迹具有局限性，地区层面的制度质量才是研究中国经济奇迹的突破口，因此，本书从省域制度质量的视角出发，研究制度与经济增长的关系。

同时，本书还试图从宏观和微观两个不同的层面，从天赋配置与政治关联的视角，研究中国经济增长的动力，并讨论制度质量与天赋配置、政治关联的关系。Baumal(1990)认为天赋是人类的固有禀赋，是中性的，任何人可以将其天赋配置到如创新、创业等生产性活动中去，积极创造财富，促进经济发展；同时，人们也可以将天赋配置到非生产性活动中，通过政治和法律手段，甚至组织犯罪和战争等破坏性活动的方式，参与财富再分配，这种配置不直接进行生产，甚至完全不进行生产，无法产生财富，从而可能抑制经济发展。因此，从天赋配置的视角出发，研究中国经济增长的动能，具有重要的现实意义。

政治关联是一个世界性的问题，对转型期的中国来说，政治关联和经济发展的关系问题尤为突出。Shleifer 和 Vishny(1994，1998)、田利辉(2005)等人的研究发现，政治关联既可能是“帮助之手”，还可能是“掠夺之手”。一方面，政府可以直接帮助企业发展，提供各种优惠待遇，促进企业创新，提升关联企业价值；另一方面，政府为追求自身的短期经济目的和政治目的，干预企业的正常经营，掠夺企业财富，阻碍企业创新。同时，政治关联作为市场经济制度的替代机制，受到制度变迁的影响，制度质量较高的地区，政府干预微观经济的能力越弱，政治关联对企业所产生的经济效应越低(余明桂和潘红波，2008)。因此，政治关联也为研究企业绩效，乃至地区经济发展的研究提供了新的视角。

1.1.2 研究意义

第一，本书认为制度是经济发展的根本动力，这是中国改革开放 40 年的经验总结，也为中国经济前期高速增长、后期高质量发展以及政府治理提供了理论依据和实证依据。邓小平认为，“制度好可以使坏人无法任意横行，制度不好可以使好人无法充分做好事，甚至会走向反面”，“我们过去发生的各种错误，固然与某些领导人的思想、作风有关，但是组织制度、工作制度方面的问题更重要”，“制度问题，必须引起全党的高度重视”。① 邓小平同志的讲话，充分说明了制度建设的重要性。本书通过研究发现，制度是推动中国经济增长的根本动力，而全要素生产率是经济发展的最重要的直接动力，是制度推动经济增长最主要的作用机制。因此，坚定制度建设决心，营造良好营商环境，继而提升全要素生产率，是促进经济长期、健康、持续、高质量发展的必由之路，对政府治理起到重要的政策启示作用。

第二，本书从天赋配置的视角，研究中国经济增长的动能，为相关研究提

① 邓小平文选：第二卷[M]. 北京：人民出版社，1994：333.

供新的研究视角。本书研究发现，生产性配置促进经济增长，但其促进效应随时间递减，非生产性配置抑制经济增长，其抑制效应随时间增强。通过中介效应发现，制度质量的提升，能增强生产性配置的促进效应，弱化非生产性配置的抑制效应。鉴于以上研究，政府只有不断推动制度改革，简政放权，让市场成为资源配置的主体，才能优化天赋配置，提升全要素生产率，促进经济增长。重视天赋配置的优化，有利于人力资本的优化配置，有利于农村和城镇的协调发展，有利于个体经济和民营经济重要性的发挥，有利于对公务员作用的重新认识，具有重大的现实意义。

第三，本书研究政治关联对企业创新的影响，为理论界关于政治关联和企业创新，以及政治关联和企业绩效之间的争论，提供最新的实证依据，以推动政治关联相关研究的发展。理论上，政治关联对企业创新的影响是探索企业政治关系行为和公司治理的最核心命题，但在我国转型经济背景下，政治关联与企业创新的关系研究的结论并不一致，且相互矛盾。改革开放以来，中国处在经济转轨的特殊时期，政府是经济政策的制定者，也是各类资源的配置者，企业为了获取相关的生产资料和政策支持，通过聘任政府官员或亲自参与政治活动等方式，建立企业与政府的政治关联，但关系的维系，需要企业付出相应的时间成本和资金成本，并为此承担必要的社会责任，从而降低企业创新激励，影响企业长期绩效，因此，政治关联扮演着“掠夺之手”的角色。当然，政治关联保证了商业交易的进行，并使企业独享客户资源，占据市场以获取竞争优势，降低生产风险，从而提升企业绩效。对政治关联的研究有利于厘清在我国特有的制度环境下，影响企业创新和企业绩效的政治因素和机制，为政府制定相关政策和指导企业家自身行为、改进企业与政府的关系、进行科学的经营决策提供指导。

第四，本书为非正式制度和正式制度的关系研究，及其对经济增长的动态影响研究提供实证依据。在正式制度失范的情况下，以政治关联为代表的非正式制度，部分弥补了正式制度的功能，对企业创新起到“润滑剂”的作用，于是，非正式制度和正式制度形成了“替代关系”，促进企业创新。通过动态研究发现，随着制度建设的完善以及制度质量的提高，非正式制度和正式制度的替代关系正在减弱，这进一步地让我们审视制度建设的重要性，也为公司治理提供相关政策启示。因此，本书丰富了非正式制度在我国的实证研究，为不同国家间的比较研究提供参考。

1.2 研究思路、研究内容和研究方法

1.2.1 研究思路

本书具体研究框架如图 1-1 所示。首先，本书通过背景分析和文献梳理，提出本书的研究课题——基于省域制度质量视角的中国经济增长动能研究。其次，本书试图从宏观(区域经济)和微观(企业创新)两个不同的层面对省域制度质量与中国经济的关系进行研究。再次，本书试图通过全要素生产率、天赋配置和政治关联三个不同机制，研究省域制度质量是如何影响中国经济增长的。在全要素生产率机制上，完整讨论“省域制度质量提升才是中国经济奇迹发生的根本动力”的观点；在天赋配置机制上，探讨天赋配置与中国经济增长的关系，并讨论个体配置、私营配置和公务员配置与经济增长的关系；利用中介效应模型，讨论在中国特有的经济环境下，制度质量、天赋配置与经济增长的关系；在政治关联机制上，本书探讨政治关联对企业创新绩效的影响，并结合我国制度变迁的过程，讨论制度质量、政治关联和企业创新的关系。最后，根据本书得出的结论，试图在企业治理和政府治理两个方面提出政策建议。

1.2.2 研究内容

具体而言，本书的研究内容主要分为以下几个方面。

第 1 章为绪论。本章主要对本书的研究背景和研究意义进行阐释，同时梳理本书的研究内容、研究方法以及整体的研究思路，最后对可能的创新点进行总结。

第 2 章对中国经济增长的可能动能进行总结分析。本章分别从资本驱动、效率改善、制度驱动、要素重置、结构配置、三驾马车、三次产业等七个方面进行阐述，分析其在改革开放 40 年中的变化及其对经济增长的贡献，最终提出资本驱动、效率改善、要素重置、结构配置等动能是中国经济增长的直接动能，而省域制度质量的提升是中国经济增长的根本动能。

第 3 章从省域制度质量的视角，探讨中国经济增长的动能。本书首先借鉴 Hsieh 和 Klenow(2010)的思路进行发展水平核算，将人均产出分解成物质资本、人力资本以及全要素产生率三个部分，证实全要素生产率是地区人均产出差异的主要因素，也是影响中国经济增长最主要的直接动力。其次，基于中国制度变迁的研究，借鉴多维测度的思想，从“改革”和“开放”两个维度构建新

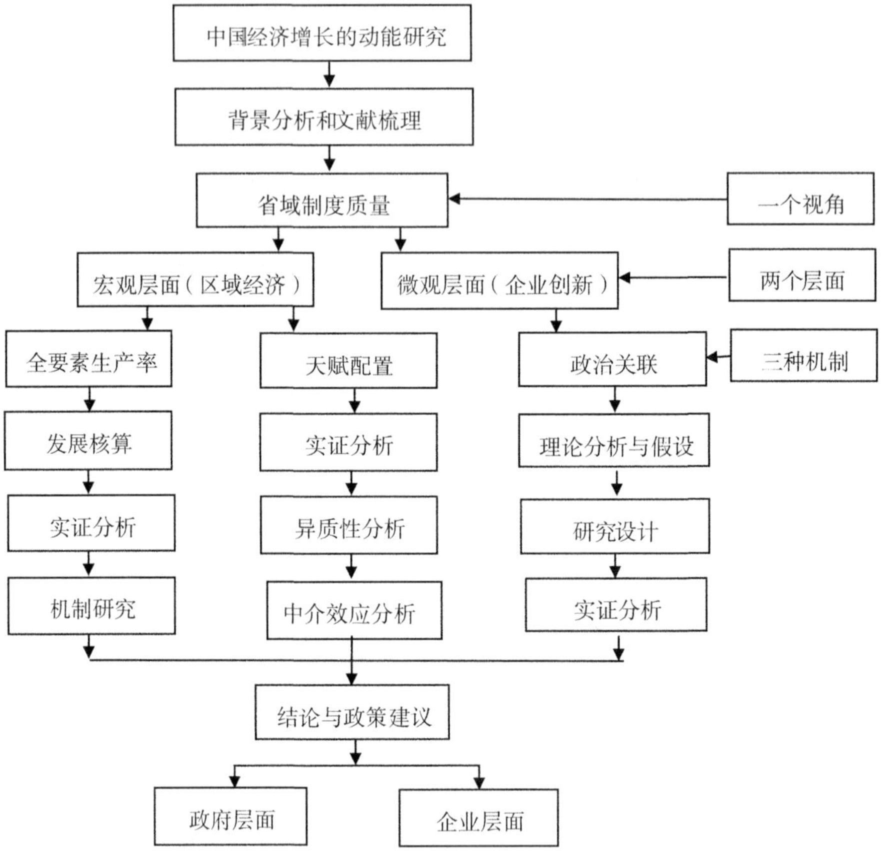

图 1-1　技术路线图

的制度指标，并通过实证分析制度与中国经济增长的关系，以及制度促进经济增长的主要机制。再次，采用 1919 年各省基督教教会初级小学注册人数，以及省会城市开埠通商历史作为工具变量，以控制制度的内生性，继续检验制度与经济增长的关系。最后，采用面板分位数模型、变换制度代理变量、增加控制变量等方法，检验结论的稳健性。

第 4 章从宏观层面，讨论制度质量、天赋配置与中国经济增长的关系。首先，本书基于改革开放以来中国劳动力分布变化的特征化事实，提出从天赋配置角度出发，研究中国经济增长的动能。根据数据统计口径的变化，本书将时间分 1992—2000 年和 2001—2014 年两个阶段；然后，通过固定效应模型分析天赋配置与经济增长的关系，进行不同时期的比较研究；同时，对结论进行了内生性、稳健性和异质性分析，详细论证个体配置、私营配置和公务员配置与中国经济增长的关系。最后，通过中介效应研究制度如何影响天赋配置，测度天赋配置对中国经济增长的贡献，并进行比较研究。

第5章从微观层面出发，基于政治关联的视角，使用2008—2016年中国全体上市企业数据，讨论制度质量、政治关联与企业创新的关系。首先，通过文献梳理，提出两个研究假设，分别为：政治关联扮演了“掠夺之手”的角色，即政治关联抑制企业创新；在中国处在转型经济的背景下，制度与政治关联存在替代效应。其次，探讨政治关联和企业创新的关系，同时采用广义双重差分估计法和工具变量法控制政治关联的内生性，通过变换企业创新的代理变量，使用面板泊松回归和面板负二项回归等方法，检验结论的稳健性，并进一步对董事长关联和总经理关联，国有企业和民营企业进行了异质性分析。最后，通过增加企业所在地制度质量和企业政治关联的交叉项的方式，研究制度与政治关联的替代效应；同时，分析2012年之前与2012年之后的结论异同，并进行动态比较研究；由于反腐败是制度建设的典型形式，通过对从2013开始的强力反腐与政治关联的关系进行了研究，继续检验制度与经济增长的关系。

第6章为本书的主要结论和政策建议。本章对书中理论分析和实证分析的结论进行梳理，并以此为依据提出针对性的政策建议。最后，提出本书的不足以及研究展望。

1.2.3 研究方法

针对不同的研究问题，本书采用多种研究方法，具体如下。

第一，针对制度指标测度单一的问题，本书借鉴多维测度思想，采用樊纲和王小鲁(2017)的简单平均法，全面精准地测度各地区的改革指标、开放指标和制度指标。

第二，针对发展核算问题，本书根据Hsieh和Klenow(2010)的思路，将生产函数设置成CD生产函数的形式，经过一系列变换后，最终将人均产出分解成物质资本、人力资本和全要素生产率三个部分。研究发现，全要素生产率是地区人均产出差异的主要原因，也是影响中国经济增长最主要的直接动力。为了研究结论的稳健性，本书继续采用Hall和Jones(1999)的发展核算方法进行分解核算，发现结论稳健。

第三，针对制度与经济增长的内生性问题，本书分别使用1919年各省基督教教会初级小学注册人数(方颖和张扬，2011)，以及省会城市的开埠通商历史(董志强等，2012)，以此作为各省制度质量的工具变量，控制其内生性，实证研究发现，省域制度质量每提升1%，促进经济增长2.8%左右。

第四，针对天赋配置的中介效应测度问题，本书采用中介效应模型，分别测度在不同时期天赋配置的中介效应，并进行比较研究，最后对中介效应的显著性，分别采用逐步检验法和Sobel系数乘积检验法。实证研究发现，制度质量的提升，增强生产性配置的促进效应，对经济增长的贡献提升至14.12%。同时，制度质量的提升，弱化非生产性配置的抑制效应，其对经济增长的影响不再显著。

第五，针对政治关联与企业创新的内生性问题，本书采用广义双重差分以及工具变量的方法来克服内生性。针对政治关联和企业创新结论的稳健性问题，本书分别采用更换企业创新的替代指标、采用面板泊松回归、面板负二项回归的方法进行检验，发现政治关联阻碍企业创新的结论稳健。

1.3 可能的创新点

本书基于省域制度质量的视角研究中国经济增长的动能。与现有研究相比，本书的主要贡献体现在以下几个方面。

第一，本书构建了一个新的制度指标，拓宽了制度质量的测度研究。既有的文献大多采用市场化指数、营商指数、反腐败指数、开放度等单一指标测度制度质量，但这些指标无法全面反映中国的制度变迁，无法精准地测度中国的制度质量。通过对中国制度变迁的梳理发现，我国制度建设是以“对内改革和对外开放”为主线。因此，本书采用简单平均法(樊纲等，2017)，借鉴多维测度思想，从“改革”和“开放”两个维度来综合测度制度质量。在改革指标上，本书选用市场化指数来替代。在开放指标上，本书借鉴邹薇(2014)的思路，将开放指标分为对内开放指标和对外开放指标，全面反映中国地区的开放程度。最后，将制度指标定义成改革指标和开放指标的均值。该指标涵盖范围更广，具有更好的连续性和时变性，并准确地测度制度质量。由Hall和Jones(1999)的方法测算可知，制度的真实值和测度值的相关度达到90.69%，高度相关。在测度中，本书使用2008—2014年的市场化指标，此指标于2017年元旦公布，在现有文献中鲜少使用。

第二，本书强调从省域制度质量的视角研究中国经济增长，同时严谨论述其影响机制，丰富了中国经济增长的动能研究。既有文献从资本驱动、效率改善、结构转换、要素重置等多个视角论述中国经济增长的动能，但在实证研究中，出现结论不一，甚至相互矛盾的情形，观点受到挑战。本书遵循North

(1973)的思想，认为制度才是经济发展的根本动力。与其他研究制度和中国经济增长关系的文献不同，笔者观察发现，中国经济的高速增长是在国家整体制度质量不高的情况下取得的，因此，本书提出从省域制度质量这一新的视角来研究中国经济增长。实证研究发现，省域制度质量每改善 1%，促进经济增长 2.80%左右，省域制度质量的提高是中国经济高速增长的根本动力，全要素生产率是制度促进经济增长的主要机制。

第三，本书从天赋配置的视角研究中国经济增长，为相关研究提供重要的经验证据。改革开放后，制度质量的提升，促使劳动力流动并优化配置，这激发了劳动者的积极性和企业家精神，促进经济巨大发展，因此，以劳动力的优化配置为特征的天赋配置，贯穿中国经济发展的全过程(韩其恒，2015)，但其作为经济增长动能的研究却长期被忽视。本书基于中国劳动力分布的特征化事实，继承庄子银(2007)的思想，从劳动力在不同部门配置的视角，研究天赋配置与中国经济增长的关系。针对现有文献论证缺乏严谨性的问题，本书收集 1992—2014 年我国 31 个省份(未含港澳台)的面板数据，采用逐步增加控制变量、更换变量、更换样本等多种方法检验结论稳健性。研究发现，天赋的非生产性配置显著地抑制经济增长，其抑制效应随时间增强，生产性配置显著地促进经济增长，其促进效应随时间减弱。本书还使用中介效应研究制度如何影响天赋配置，并测度天赋配置对经济增长的贡献。通过中介效应分析发现，制度质量的提升，增强生产性配置的促进效应，弱化非生产性配置的抑制效应，继而促进经济增长。2008—2014 年，生产性配置、个体配置和私营配置对经济增长的贡献分别增长到 14.12%、7.00%、9.95%，非生产性配置不再显著。既有文献认为公务员具有非生产性，抑制经济增长，并将“公务员热”归因于就业压力和“隐形收入”等外生原因，本书通过异质性分析发现，公务员配置在 2001—2014 年不显著地促进经济增长，公务员表现出生产性，经济规模扩大和公共服务相对不足是“公务员热”产生的内生原因。

第四，本书在微观层面，从政治关联角度研究其对企业创新的影响，拓展了企业创新的相关研究。既有文献大多从创新投入、创新路径、制度环境等方面研究企业创新，忽略了中国处在转型经济的国情下，政治关联等非正式制度因素对企业创新的潜在影响。本书通过国泰安数据库和国家知识产权局的专利检索网站，手工收集了最新最全的中国上市企业的各类专利数据、政治关联数据，并进行匹配，最终获得 2008—2016 年信息完整的样本 13099 个；同时使用面板负二项回归、面板泊松回归、广义双重差分等多种方法研究政治关联与企业创新的关系。通过研究发现，政治关联显著地抑制企业创新。同时，本书也研究了制度与政治关联、企业创新的关系，研究发现，制度显著地促进企业创新，并与政治关联形成不显著的替代效应，促进企业创新；通过动态研究发现，随着制度质量的提升，制度与政治关联的替代效应在逐渐减弱。本书还研究了 2013 年以来，中国反腐败行动对政治关联和企业创新的影响，研究发现，反腐败促进企业创新，与政治关联形成正向协同效应，促进企业创新。

第 2 章　中国经济增长的动能

1978 年至今，中国改革开放已经 40 多年，中国经济保持了持续地高速增长，创造了令人惊叹的经济成就。中国经济的高速增长，引起了海内外学者的好奇和关注，他们从不同的角度探索创造奇迹的原因，尝试利用西方经济学理论给出合理解释。特别是他们从国际比较的视角，把中国和苏联及东欧国家的情况进行对比分析，并同发达国家的情形相提并论，给出旁观者的解释，开阔了人们观察认识和分析理解当代中国经济奇迹的视野。

中国经济发展成就能否称得上“奇迹”？经济高速发展的成因为何？专家学者各抒己见，观点各异。从现有的文献来看，许多专家学者主张、肯定和赞成中国经济发展的巨大成就，并乐此不疲地探讨奇迹成因。本章从三驾马车、三次产业、资本驱动、效率改善、制度驱动、结构转换和要素重置等七个方面进行综述，并提出其局限性。最后提出本书的核心假设：省域制度质量才是中国经济增长的根本动力。

2.1　三驾马车

中国经济的巨大成就引发全球对中国经济发展模式的高度关注。作为拉动经济的“三驾马车”——消费、投资和出口，在不同的经济发展阶段分别“拉动”着中国经济的快速发展(见图 2-1)。

2.1.1　出口驱动阶段

中国经济在改革开放后保持长期高速增长，很大部分得益于中国对外出口的快速增加。改革开放以来，中国逐步融入全球产业分工中，国际贸易迅速发展，不断增大的出口需求成为我国经济增长的主要动力。进入 21 世纪后，尤其在加入世界贸易组织之后，出口是中国经济增长的重要支柱，但出口并没有明显促进中国技术进步和生产率提升，出口拉动型增长方式是不可持续的，其不能促进中国经济的可持续增长。在当前经济结构下，出口对经济增长的边际

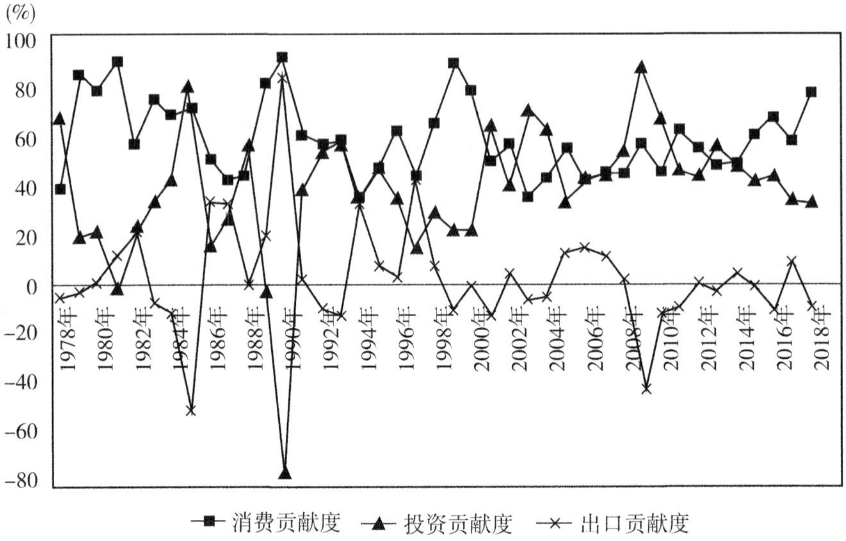

图 2-1　消费、投资和出口对经济增长的贡献度

数据来源：《中国统计年鉴》

效用在下降，并改变了收入分配结构和产业结构，进而影响国内需求提升。殷杰兰(2018)认为，中国出口的增速下降，既有周期性因素，也有结构性因素，其中，国外需求下降是决定性因素，贡献度为 85.9%。

2.1.2　投资驱动阶段

改革开放以来，特别是 2008 年全球金融危机发生后，中国经济增长呈现出鲜明的政府投资驱动型特征。投资成为维持经济高速增长的动力之一，而且不断增强。由于外需拉动型经济增长方式逐渐难以为继，扩大投资的重要性日益突出。但投资拉动经济增长存在有效边界，当投资率较低时，增加投资能够有效拉动经济增长，当投资率较高时，再增加投资无法继续拉动经济增长。金融危机发生后，我国经济发展方式的主要特征是投资驱动，但以投资驱动为主要特征的发展方式不可持续。第一，它使投资和消费的比重严重失衡；第二，它使产业结构失衡；第三，它使资源与环境不堪重负；第四，它使投资效益下降。

投资驱动模式成就了中国的增长奇迹，也埋下了发展不可持续的隐患。传统投资驱动模式的弊端在于政府主导下的大企业和大资本推进，由此产生了产能过剩、资源耗竭、财富集中、就业吸纳不足等问题。消费和投资是一国经济增长的两大主要源泉，金融危机发生后，我国经济的高速增长主要得益于较大力度的政府投资。改革开放以来，我国经济实现了快速发展，取得举世瞩目的伟大成就。但是，我国经济增长出现了投资、出口比重偏高，消费比重偏低的“两高一低”格局，投资、出口、消费存在结构性矛盾。

中国采取的是“投资和出口驱动”的发展模式，当前外围经济的不良发展制约着“高增长”，同时也提供了一个非常好的“转型”机遇。

2.1.3 向消费驱动转型阶段

消费驱动意味着“三驾马车”中的消费对经济发展起着越来越强的作用，培育起国内市场为主导的经济发展内生能力。

改革开放以来，消费市场发展规模持续扩大，我国社会消费品零售总额从1978年的1558.6亿元增加到2017年的366261.6亿元，增长了234倍。商品消费结构不断优化，居民家庭恩格尔系数从1978年的62.6%下降到2017年的29.9%，下降了32.7个百分点。我国居民消费水平不断升级，从贫困水平升级到温饱水平(1978—1982年)，接着从温饱水平升级到小康水平(1983—2000年)，然后从小康水平升级到相对富裕水平(2001—2011年)。2012年以后，中国特色社会主义进入新时代，我国居民消费正在经历从相对富裕水平向富裕水平升级，这是改革开放40年来我国消费经济发展的总体趋势(毛中根，2019)。

改革开放以来，我国最终消费率平均达到58.2%，消费占国民经济比重过半，成为国民经济发展中的主要组成部分。消费对经济增长贡献率呈现“先波动、后上升”的态势。在我国经济处在市场经济转型初级阶段(20世纪70年代末至20世纪90年代中期)，消费的经济贡献率呈现大幅振荡态势，由1978年的38.3%上升到1990年的91.7%，随后又下降到1994年的34.8%。21世纪以来，消费的经济贡献率稳步上升，从2001年的49.0%上升到2016年的58.8%，消费已经成为拉动经济增长的第一动力（杜昕然，2018）。

2.2 三次产业

产业结构变化是经济制度变革的缩影，因此，中国三次产业在不同时期对经济拉动的变化贯穿于中国经济增长动能转化的全过程。简单地看，有两个重要的时间节点，第一个时间节点是1984年，第一产业增加值被第三产业增加值超越，这意味着中国经济改革进程虽然从农业领域开始，但是从 1984 开始，农业的重要性逐渐削弱，第三产业的重要性在逐渐增强。第二个时间节点是 2012 年，第三产业增加值超过第二产业增加值，这意味着第三产业坐上了中国经济增长动能的头把交椅，中国经济步入了消费作为第一动能的经济模式（见图 2-2）。从图 2-3 可以更清晰地了解三次产业对经济增长的贡献，第一产业在改革开放初期对经济增长的贡献处在历史最高阶段，到 20 世纪 90 年代之后，对经济增长贡献已经微乎其微。第二产业对经济增长一直处在最高水平，但在 2014 年前后，已经被第三产业超越，2018 年第三产业对经济增长的贡献接近 60%。总的来说，在改革开放前 30 年，第二产业、第三产业和第一产业分别是经济增长第一、第二、第三动力。但在近 10 年，三次产业对经济增长的贡献正悄然发生改变，第三产业已经成为促进中国经济增长最重要的动力，第二产业退居次席。

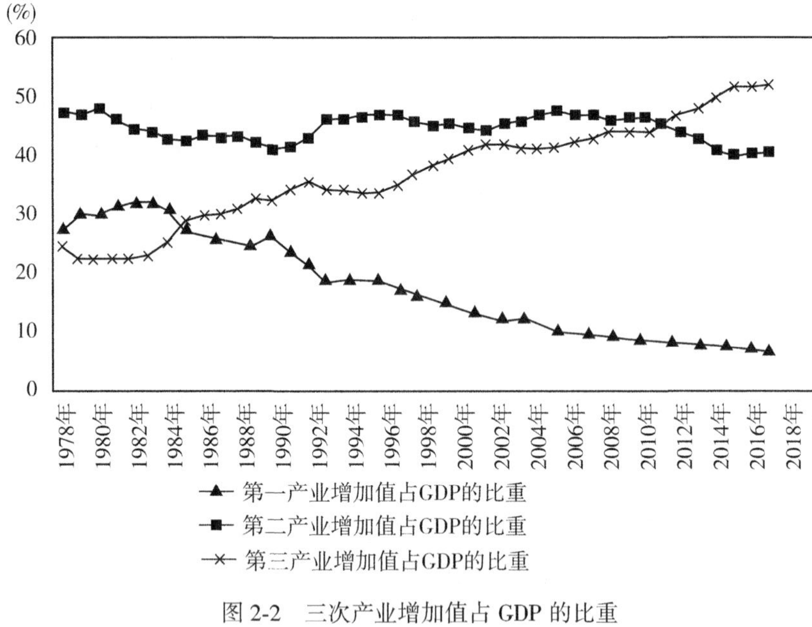

图 2-2　三次产业增加值占 GDP 的比重

数据来源：《中国统计年鉴》

2.2.1　第一阶段(1978—1983 年)：经济增长启动阶段

1978 年，中国农村经济体制改革率先启动，中国的农业生产取得巨大成

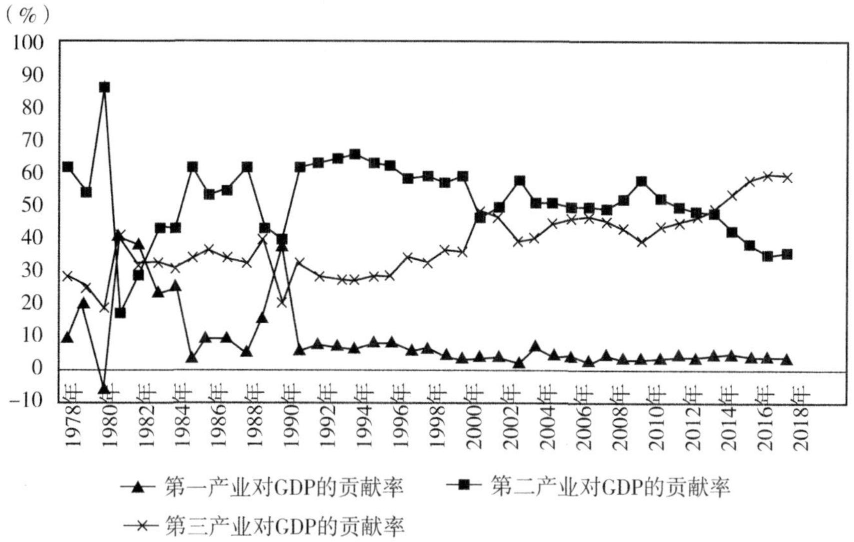

图 2-3 三次产业对 GDP 的贡献度

数据来源：《中国统计年鉴》

功，并带动相关产业的发展。由于人民公社体制极大束缚了农民的生产积极性，体制创新迅速提高农业劳动生产率，这也是在此阶段农村经济成为中国生产力中最活跃部分的基本原因。1981 年到 1984 年，第一产业连续 4 年保持 7%以上的高速增长，第一产业在国民经济中所占的比重迅速提高，从 1978 年的 28.2%迅速提高到 1983 年的 33.2%(刘伟和蔡志洲，2008)。

1984 年之后，第一产业的增长率开始下降，年均增长率为 4.6%，明显低于中国经济的整体增长率和第二、三产业的增长率，这种增长率较低的现象是由农业生产本身的特点所决定的。但无论与世界农业的一般增长率相比，还是与中国历史上的农业增长率相比，4.6%的年均增长率已相当高。

农业发展保障了中国经济发展的最基本需求，粮食和其他食品的供给不但满足了人民基本生活的需求，还为其他产业的发展创造了条件。从这个意义上看，中国的农业对中国后来的经济增长做出了重大贡献，它不仅为中国解决温饱进入小康奠定了物质基础，也为在广大农村容纳大量的劳动力建立了基地，通过农民和土地的天然联系，减轻了中国的就业压力。这让中国在全球发生粮食和食品短缺的情况下，能独善其身保持经济的稳定发展。

2.2.2　第二阶段(1984—1991 年)：农村改革向城市改革阶段

1984 年至 1991 年，第二产业的增长率开始提高，年均增长率为 11.4%，远高于启动阶段的 2.4%。在这一阶段，与人民生活密切相关的轻工业、纺织工业，以及以电视机、洗衣机、电冰箱为代表的新型家电工业迅速发展，中国的消费结构发生明显升级。轻纺工业的发展扩大了中国的对外贸易，增加了国家的外汇收入，反过来又促进了投资和经济发展。中国实现了从以农业为主导的经济增长阶段转为以轻纺工业为主导的经济增长阶段，中国开始进行第一次产业结构升级。

2.2.3　第三阶段(1992—2002 年)：社会主义市场经济体制的确立阶段

1992 年至 2002 年是中国由第一次产业升级向第二次产业升级的过渡阶段，第二产业的增长率继续提高，年均增长率达 12.7%，第三产业仍保持高增长，年均增长率为 10.3%，而第一产业的增长率则回落到 3.8%。

在这一阶段初期，轻工业仍然是工业化的主流，但具体的主导行业有所变化，消费产品的升级带动了工业产品的升级，科技含量较高的工业产品如电脑、通信产品、电子产品等发展起来。第三产业的发展也呈现出新的特点，在传统第三产业发展的同时，现代第三产业(如金融、通信、房地产、航空与高速公路运输等)也发展起来。到这一阶段的后期，由于宏观调控、亚洲金融危机和产业调整等因素，中国的经济增长开始减缓，从 10%以上下降到 10%以下，从 1992 年开始的通货膨胀也转为通货紧缩。在这种情况下，国家通过加大基础设施投资的力度和加强国有企业的股份制改造，对经济结构加以调整，推动了第二次产业升级，即主导行业由轻纺工业开始向重化工业转型。新一轮的转型仍然是在新的消费升级的背景下发生的，汽车、住房等更高级的需求及国际市场上对中国工业产品扩大的需求，对中国的重化工业的发展起到了重大的拉动作用，而改革开放后中国长达 20 年的经济增长也为这一次产业升级奠定了坚实的物质基础。

2.2.4　第四阶段(2003—2010 年)：工业化加速发展阶段

工业化加速发展阶段的经济增长率在加速，主导产业也与上一周期开始时完全不同，钢铁、水泥、建材等原材料的产量增加，技术装备升级，许多产品的产量都跃居世界前列，重化工业获得前所未有的发展。中国作为新的国际制造业中心的地位开始确立，这标志着中国实现了第二次产业结构的升级。这次升级的原因，从需求方面看，在于国内外投资和消费的持续拉动，而从供给方面看，是由于长期增长积累的生产能力和不断提高的技术水平，使得中国能在较高的水平上发展自己的工业。第二次产业结构升级使中国的综合国力、人民生活水平和国际地位都迅速提高，中国开始真正成为一个在国际上有经济影响力的大国。

2.2.5 第五阶段(2011 年至今)：后工业化时期

从产业结构看，2010 年以后受国内居民商品消费和出口增速下降的影响，第二产业和工业增加值增速出现较大幅度下降，分别从 2010 年的 12.7%和 12.6%下降到 2017 年的 6.1%和 6.4%，第二产业和工业增加值在 GDP 中的占比也从 2010 年的 46.4%和 40%下降到 2017 年的 40.5%和 33.9%。而在国内居民服务消费较快增长的背景下，第三产业继续保持了相对快速增长的状态，增加值增速仅从 2010 年的 9.7%下降到 2017 年的 8%，在 GDP 中占比从 2010 年的 44.1%提高到 2015 年的 50.2%和 2017 年的 51.6%，从 2015 年开始，第三产业增加值占比超过第二产业增加值占比，整个经济已进入第三产业相对快速发展的后工业化时期(李建伟，2018)。

2.3 资本驱动

Young(2000)通过分析认为，中国和东亚新兴工业化国家的超常规经济增长，几乎完全可归功于投资的增加，谈不上“东亚奇迹”。国内的学者也认为，改革开放以来我国经济增长的主要动力为资本驱动。朱承亮等(2009)运用 SFA 技术，使用 1985—2007 年的省际面板数据，对我国经济增长的效率和影响因素进行测算发现，在样本区间内，中国经济保持平均 9.92%的增长速度，资本保持 19.87%的增长率，对经济增长的贡献中，资本占 82.79%。余泳泽(2015)使用超越对数生产函数的随机前沿模型，采用 1978—2012 年间的省级面板数据，分别利用两种不同的资本存量核算方法，对中国经济增长动能及其时间和空间特征进行分析。实证研究发现，中国是典型的投资主导型经济，资本对经济增长的贡献为 70%~85%；在时间上呈现出波动性，在 1994—2001 年呈现递减趋势，但在 2008 年金融危机后达到顶点，呈直线上升的趋势。劳动对经济增长的贡献为 5%~10%，微乎其微。董敏杰和梁泳梅(2013)在一个非参数分析框架中研究中国经济增长的来源，通过对省际面板数据的测算发现，1978—2010 年，资本对经济增长的贡献份额为 85.4%，劳动对经济增长的贡献为 3.7%；在不考虑 2008 年金融危机的影响下，资本对经济增长的贡献为 76%，劳动为 3.3%。资本贡献份额在 20 世纪 90 年代处于下降趋势，并且波动较大，1992 年后呈现上升趋势，在 2005 年接近 90%。刘瑞翔(2013)基于绿色增长核算的框架，利用中国 1989—2010 年的整体和地区数据进行测度，分析中国经济增长源泉。通过研究发现，要素投入增长率为 7.95%，对中国经济增长的贡献为 70.2%，其中资本的贡献为 68.86%，这充分说明中国经济增长是由要素投入驱动的。

但新古典经济学认为，要素报酬存在递减规律，因此，资本对经济增长的促进作用必然逐步减少。Young(2000)认为，中国依靠要素驱动的粗放型增长方式是“不可持续的增长”；Bai 等(2006) 通过观察发现，中国的固定资产投资率非常高，从 1981 年的 20%增加到 2005 年的将近 50%，上升趋势不可持续；赵昌文等(2015)认为人均资本显著提高，但投资效率严重降低，投资对经济增长的贡献有下降的内在要求；蔡昉(2013)认为，随着“刘易斯转折点”的到来和“人口红利”的消失，靠大规模的政府主导型投资以保持经济增长速度的方式，不再具有可持续性。特别是 2008 年金融危机后，与投资持续增长相反的是，中国的经济增速从 2008 年的 10%下降至 2015 年的 6.3%，原有粗放型资本驱动的增长动力日益衰弱，资本驱动的观点受到挑战，中国需要进行增长动能转化(李静等，2015)。

2.4 效率改善

现代经济学认为，全要素生产率的提高，可以抵消资本报酬递减的不利影响，是经济长期增长唯一能够依托的动力(Romer，1990)。

徐现祥和舒元(2009)采用对偶法进行核算发现，我国 TFP 可以解释经济增长的 25%。张健华等(2012)从资本折旧的角度，采用随机前沿的方法，对中国 1979—2010 年的全要素生产率进行测度和分解研究，研究结果发现，从总体上看，全要素生产率对中国经济增长的平均贡献为 24.9%，2001—2006 年，全要素生产率保持较高的增长水平，但是贡献率呈下降趋势，这主要是技术进步和技术效率增长的贡献下降导致。2007 年后，受国际金融危机和“四万亿元投资计划”的影响，投入要素增长较快，导致规模效率下降。张少华和蒋伟杰(2014)首次采用基于投入冗余的全要素生产率指数来测度和分解投入要素的全要素生产率，研究发现，在 1985—2009 年，TFP 对经济增长的贡献为 35%，全要素生产率的差异是东、中、西部地区经济发展水平差距拉大的主要原因。吴延瑞(2008)使用随机前沿方法，对1993—2003年中国经济增长动能进行测度，研究结论显示，中国经济增长是由要素投入推动的，全要素生产率对经济增长的贡献为27%。技术效率随时间明显波动，这显示外部和内部经济条件不断变化，同时还发现，规模效率几乎没有表现出任何贡献。

总的来说，大多数学者认为，TFP对经济增长的贡献份额在30%左右。李平等(2013)采用索洛余值法和纯要素生产率法测算发现，TFP对经济增长的贡献率在1982—1986年为60%以上，在1987—1990年为40%，在1991—2007年为50%以上，2008—2010为10%~20%。总的来说，在1978—2010年，全要素生产率对经济增长的贡献平均可达40%以上。Bosworth等(2007)的测算结果甚至接近50%。

但蔡昉(2013)认为中国全要素生产率对经济的贡献越来越低，并具有进一步降低的趋势(见图2-4)；董敏杰和梁泳梅(2013)发现，TFP对经济增长的贡献在1992年一度超过50%，但之后持续下降，2005年后低于10%；中国经济增长前沿课题组(2014)也发现，从1992年以来，全要素生产率对经济增长的贡献不断减少，从1992年的40%下降到2008年的10%，从2008年开始，在经济危机和“四万亿元”投资的冲击下，中国TFP呈现断崖式下跌，对经济

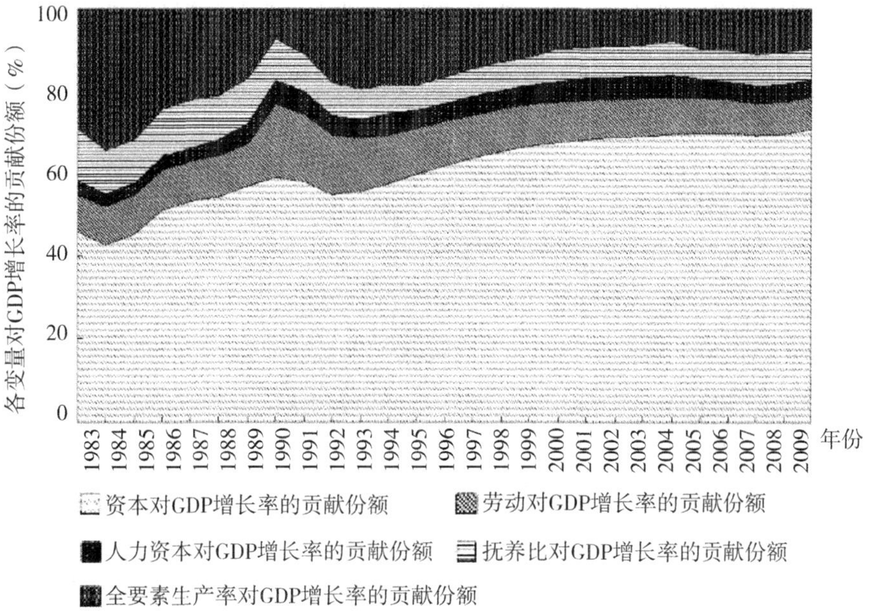

图2-4 经济增长的动能研究(一)

增长的贡献为负值(见图 2-5)；Whalley 和 Zhao(2013)甚至悲观地发现，1999 年至 2008 年 TFP 对经济增长的贡献为-7.03%。由此可见，在现阶段，效率改善能否成为中国经济增长的动能，同样具有较大争议。

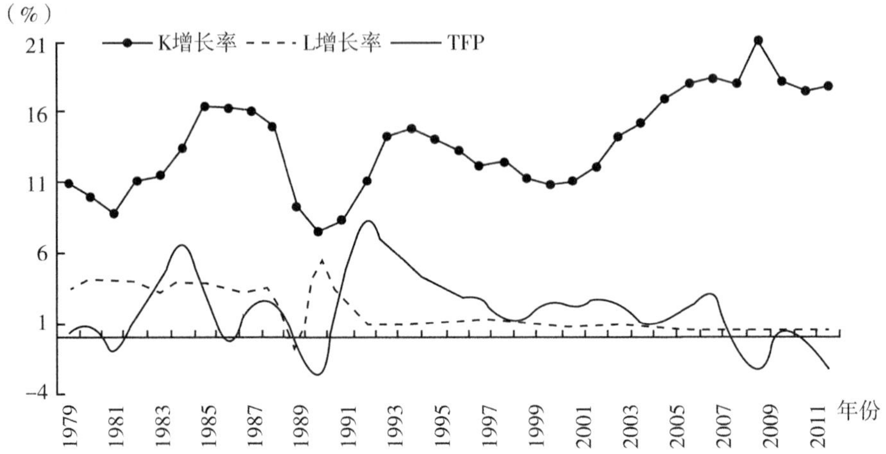

图 2-5　经济增长的动能研究(二)

传统观点难以解开中国经济增长之谜，为探究中国经济增长的根本动能，现在很多学者逐步将中国经济增长的动能研究从“看得见”的领域扩展到“看不见”的领域，比如结构转换、要素重置等。

2.5　结构转换

结构转换是经济增长重要源泉的假说，是从供给侧探讨经济结构与经济增长的关系。这种思想最早追溯到 Lewis 关于二元经济的古典模型，Chenery 等(1960)首次使用了这个概念，认为经济结构转换能加快经济增长。现有对结构转换与经济增长关系的分析主要遵循两种研究思路，一种是从总量到结构的分析方法，以库兹涅茨为代表，强调涓流效应；另一种是从结构到总量的分析方法，以罗斯托为代表，强调经济增长中的回流效应。

从中国国情看，中国存在着典型的二元经济结构，因此，中国经济发展最显著的特点是基于二元经济结构的调整。劳动力从 20 世纪 80 年代开始从农村落后部门调整到城市相对先进部门，从城市国有企业调整到私营企业，资本在 20 世纪 90 年代从城市中生产效率低的国有部门配置到城市中生产效率高的私有部门。这种劳动和资本的结构转换带来经济增长的模式，主导了中国经济发展，是中国增长奇迹的主要动力(韩其恒等，2016)。陈平和李广众(2001)使用格兰杰因果检验的方法进行研究，发现结构转换促进了中国经济发展，其中，资本转换对经济增长的贡献达到7.1%，劳动力转换达到4.5%。吕铁(2002)用“偏离-份额分析”法发现，在1980—1997年，结构变化对我国制造业劳动生产率的贡献率为10.87%；于斌斌(2015)利用空间面板模型对2003—2012年中国285个地级市的研究发现，处在城市化阶段的地区，可以从产业结构转化中获得“结构红利”，产业结构合理化水平每增加一个单位，促进经济增长1.77%；而干春晖等(2011)用全国1978—2009年30个省市的数据，分成5个时段进行分析发现，产业结构转换显著地促进经济增长3.5~6.3个百分点。

中国向市场经济改革的过程中，最深刻的结构转换是所有制结构转换。Jefferson等(2005)以及Xu等(2005)认为，国有企业改制带来了效率和经济绩效的提高。Song(2014)观察中国所有制结构的动态变迁后，强调所有制结构的转换对中国经济增长的重要性。其中，1998—2007年，国有企业改革对总体TFP增长的贡献达到20%。Deng等(2007)则认为，国有企业所有制转换对总生产率提高的贡献高达41%，这种配置效率在2001年达到顶峰。中国经济增长前沿课题组(2012)总结道，以要素投入拉动增长第一阶段即将结束，服务业的发展开启经济低速增长的第二阶段，它以效率提升、结构优化为特征。重视产业间的结构调整促使要素有效流动，带动经济增长。

黄亮雄等(2015)认为，地方政府因过度强调结构效应，提出不切实际的产业政策，导致市场配置扭曲，损害技术进步与生产率的提高。2005年之前，国有企业开展大规模改革，市场化进程不断推进，以及加入世界贸易组织等利好政策的影响，经济增长的结构效应是增强的，但在2005年以后，企业成本增加、行政垄断、信贷政策以及经济危机和反危机措施等因素，制约了结构效应的进一步发挥，因此，结构转换对经济增长的带动作用逐渐降低(Ding和Knight，2009)。刘伟和张辉(2008)也发现，1990—2002年间，产业结构对全要素生产率的贡献率从58.2%逐步下降到11.3%，并且越来越不显著，对经济增长的重要性逐渐减少。同时，刘伟和蔡志洲(2008)还发现，从20世纪90年代中期以后，产业结构转型对以中间消耗量反映的经济增长效率也没有显著贡献。李小平和卢现祥(2007)也观察到，在制造业部门，部门内生产率增长是生产率增长的主要来源，结构变动的作用较弱。因此，结构转换对经济增长的作用值得怀疑。

2.6　要素重置

资源的优化配置是经济学研究的基本问题。资源从生产率较低的部门流向生产率较高的部门所带来的要素重置效应，可以降低资源的错配，提高要素的使用效率，进而促进经济增长，因此，要素的优化配置是经济增长的动力之一(Kuznets，1979；Restuccia 和 Rogerson，2007)。

从人均资本存量来看，中国目前的水平与韩国 20 世纪 90 年代相当，水平较低，资本本应该成为更重要的经济增长动力，但通过前文的分析可知，资本的影响却在变小，其原因就在于要素错配问题突出，这种问题不仅出现在不同所有制企业中，也表现在不同行业中(Bartelsman et al.，2013；鄢萍，2012；盛誉，2005)。张军等(2009)认为，2001 年后要素配置效率的下降成为同期 TFP 增长贡献份额下降的主要原因。因此，我们急需矫正要素错配，提高生产率，增强企业竞争力。其中，国企改革是改善资源配置效率、实现持续增长的关键(杨汝岱，2015；袁堂军，2009；聂辉华和贾瑞雪，2011)。

赵文和王蕾(2015)测算发现，从全国层面看，2003—2010 年不同地区之间的资源优化配置对经济增长的贡献为 4.5%，占全要素生产率的 42%。Bosworth 和 Collins(2008)利用三次产业数据，发现中国工业在 1993—2004 年 TFP 年均增长 6.2%，其中 1/3 是配置效率贡献的。Zhu(2012)认为，1978—1988 年，家庭联产承包责任制促使了劳动力从农业向工业的转移，价格双轨制使得资本和原材料实现了从国有部门向非国有部门的转移，这种资源重新配置促使了非国有部门的全要素生产率年均增加 5.87%。在国有企业被允许破产退出后，1998—2007 年，在进入、退出过程中形成的资源重新配置效应，解释了制造业全要素生产率增长中的 72%(Brandt et al，2012)。

为了了解要素重置效应的影响，很多学者用反事实的方法去测度在没有扭曲的情况下，生产率和产出提高的程度。罗德明等(2012)认为，克服扭曲后，人均 GDP 将增长 115.61%、全要素生产率将增长 9.15%。Hsieh 和 Klenow(2009)认为，TFP 会增加 30%～50%，制造业的产出会增加 67%～125%。盖庆恩等(2015)认为，若资本市场扭曲得到改善，制造业的全要素生产率平均可以提高 57.79%；若劳动力市场扭曲得到改善，全要素生产率可以提高 33.12%。曲玥(2016)认为，劳动配置改善的空间约为 13.6%，资本则可达 628%。因此，维持经济持续增长的核心途径是改善资源配置效率(中国经济增长前沿课题组，2013)。

但姚战琪(2009)对1985—2007年的跨产业面板数据分析发现，要素重置效应的表现差强人意，在经济总体6部门和工业部门都表现为要素重置效应的贡献均为负值，分别为-0.85%和-0.18%。从微观层面看，涂正革和肖耿(2005)利用1995—2002年“中国工业企业数据库”中的数据发现，要素配置效率对全要素生产率的增长没有贡献。雷钦礼和徐家春(2015)在要素增强型CES生产函数的假定下发现，在2004年以后要素配置对全要素生产率的影响由正转负。因此，要素重置促进经济增长的观点受到挑战。

2.7 制度驱动

关于经济增长动能的研究，是一个历久弥新的课题。即便内生经济增长理论取得长足进步，但关于经济增长动能问题，学界并没有取得一致共识。从生产角度看，人力资本、物质资本、技术进步是经济增长的直接原因。但制度经济学则认为，经济增长的根本动力是制度。新制度经济学的代表人物North认为，只有实现产权保护，实现对执政者的约束、鼓励创新和刺激投资、实施有效制度，经济才能实现增长。产权制度和政治制度的制定均应先于经济发展，并最终决定经济增长，成为经济增长的根本动力(Acemoglu et al.，2004)，劳动和资本是经济增长的手段，是经济增长的结果(North et al.，1973；Grossman et al.，1991；North et al .，1989)。

从中国的经济实践看，齐麦克(2008)认为，中国经济大获成功的一个重要原因就是，通过一系列改革并付诸实施，突破思想和制度禁区，建立市场经济，发挥市场力量，建立经济特区，打破国有经济独大的所有制模式，鼓励劳动力自由流动，取消人民公社，关闭经营不善的国有企业，随着一项接一项的政策改革和重大措施的出台，中国经济实现了飞跃。沈波涛和李玉举(2001)认为中国经济持续快速发展，在世界上创造了令人瞩目的中国奇迹。新经济增长理论很好地解释了中国奇迹的产生，即技术进步和制度创新是经济增长的根本动力。其中，制度创新降低社会交易费用和成本，整体上使得中国经济实现长期、均衡发展。技术创新，促使中国企业发挥后发优势，提升生产效率，保持中国经济高速增长，创造中国奇迹。姚洋(2004)认为制度变迁是中国奇迹发生的根本原因。30年来，中国的制度变迁是沿着有利于经济效率的轨迹向前推进的。市场化改革的自我强化、制度创新的分散性、中国共产党的泛利性是中国发生有效的制度变迁的原因。

Acemoglu等(2001，2004)认为，物质资本和人力资本的积累必须建立在法制和民主的基础上，要实现经济持续增长，就必须实现有效产权保护。但 Djankov 等(2005)指出，Acemoglu 等的制度决定论研究，依赖于特定的工具变量，人口密度、死亡率和被殖民经历等工具变量的内涵丰富，而且无法直接界定制度，其结论可靠性存疑。同时 Acemoglu(2007)也认为，制度与经济增长的作用关系并不确定。Rajan 和 Zingales(2001)观察到，在 20 世纪，制度完善的欧美国家，仍然出现了经济增长的剧烈波动；Mulligan 和 Sala-I-Martin (2004)发现，在对公共政策的偏好上，民主政体和非民主政体并没有显著差异。在 AK 模型(Romer，1986；Lucas ，1988；Barro，1991)和 R&D 模型(Romer，1990；Aghion and Howitt，1992)中，新古典内生增长理论将技术进步内生化，认为制度经由劳动、物质资本、人力资本和技术进步影响经济增长，但最终制度需要通过劳动和物质资本实现经济增长，而技术进步和人力资本是经济增长的直接动力，也是制度变迁和民主进步的根本原因。Glaeser 等(2004)和 Barro(1990)同样认为，政治制度并不是天然存在的，而是经济增长、技术进步和人力资本发达到一定阶段的产物。通过跨国研究发现，大多数民主国家是在实现经济高度发达后，才开始向民主政治转轨的。因此，经济增长表现为投资增加和制度质量提升的结果。

从中国制度建设和经济发展的实践看，改革开放政策、家庭联产承包责任制、全民医疗保险制度、国有企业混合所有制改革对经济发展产生正向促进作用(刘文革，2008；王沁和王治军，2016；刘晔等，2016)。制度变革对全要素生产率增长的贡献达到 30.2%(肖宏伟等，2015)。针对现阶段中国经济减速，动力不足的问题，蔡昉(2013)认为，中国急需通过政策调整，形成“创造性毁灭”的制度环境和国内版的“雁阵”模型，从制度革新中获取制度红利，以形成新的增长动力。

2.8　省域制度质量的提升

从以上分析可知，资本驱动、效率改善、制度建设、结构转换、要素重置等因素，均在一定时期内促进经济增长，但同时也遭遇到了挑战。那到底是什么原因造就了中国巨大的经济成就呢？新制度经济学的代表人物 North 等(1973)认为，制度才是经济发展的根本动力。从中国的实践看，渐进且持续的制度和政策改革减少了扭曲，改善了经济激励机制，这是中国奇迹发生的根本动力(Zhu，2012)。通过观察中国区域经济发展的现状发现，地区经济发展水平越高的地方，省域制度质量也越好，地区经济发展水平与省域制度质量之间具有很强的相关性(徐现祥和李郇，2005)。鉴于从国家层面的制度质量来解释中国经济增长有一定的困难，本书试图从省域制度质量的视角，来解释中国奇迹的发生。

中国从1978年开始实行渐进式改革开放、“先富带动后富”的发展模式，形成了一个良性循环：先通过局部制度质量提升，带动局部经济增长；然后将成功改革经验向全国推广，促使国家整体制度质量不断提升，继而促进国家经济的整体繁荣；反过来，雄厚的经济实力为制度的局部改善提供了空间，继而为制度质量的整体改善夯实了基础。于是，局部与整体、制度与经济的积极互动，促使中国经济全面起飞，中国经济奇迹得以实现。因此，省域制度质量为探索中国奇迹的发生提供了新的研究视角。

为什么省域制度质量会出现巨大差异呢？其可能原因如下：第一，晋升锦标赛模式。周黎安(2007)认为，围绕GDP开展的晋升锦标赛模式，是中国政府官员的激励模式，它结合中国政治体制和经济结构的独特性质，给予地方官员掌握行政权力和自由处置权，有效激励地方官员推动地方经济发展，是中国经济奇迹发生的重要原因。第二，行政分权和财政分权。从政府体制看，行政分权使地方政府拥有相对自主的经济决策权，财政分权改革使得地方可以与中央分享财政收入(Montinola 等，1995 ；Qian and Roland ，1998)。正是这两方面激励使得地方政府有极高的热情去维护市场，充分利用区域政策规制和政策执行的灵活性，制定适宜地方发展的制度，形成局部宽松的营商环境。具有创新精神的地方政府甚至为了更快地发展，奉行“不管黑猫白猫，捉到老鼠就是好猫”的发展原则，不惜脚踏“红线”，“上有政策，下有对策”，造成区域间制度差异持续扩大，进而影响区域间经济绩效。第三，区域性政策。经济特区、西部大开发、中部崛起计划和东北老工业基地复兴计划等区域性政策的实施，提高局部地区的制度质量，在一定程度上弥补整体制度发展滞后的不足，部分解释了中国的“增长奇迹”(黄玖立，2013；刘生龙等，2009)。同时，区域性政策实施的时间不一，人为地造成各地制度质量的差异。第四，文化等非制度因素。文化并非直接的投入要素，但其可以通过影响要素投入、技术进步和制度变迁等因素间接影响经济增长(罗浩，2009)。中国幅员辽阔，地域文化各异，各地政府必然产生对制度的不同理解，使得制度实施程度不同，产生制度质量的差异，最终影响地方经济绩效，造成区域间经济发展差异。第五，资源诅咒效应。地方政府掌握较大的资源配置权，在资源禀赋丰裕的区域，更容易出现寻租腐败等行为，降低省域制度质量，从而在全国范围内，形成不同地区间制度质量的差异(Auty，1993)。

因此，本书提出假设：省域制度质量的提高是中国经济高速增长的根本动力。

2.9　本章小结

库兹涅茨(1966)认为，经济增长是多重影响的结果。所以，中国经济奇迹得以发生，必定是多重积极因素共振的结果。由文献研究可知，三驾马车、三次产业、资本驱动、效率改善、制度驱动、结构转换和要素重置等因素都能部分地解释中国经济增长，但只有省域制度质量提升才能从根本上解释中国经济增长奇迹，因此，省域制度质量的提升才是中国经济增长的根本动能。

第 3 章　省域制度质量、全要素生产率与中国经济增长

3.1　问题的提出

1978 年以来，在改革开放政策的指引下，中国开启了“摸着石头过河”的渐进式改革发展之路。GDP 从 1978 年的 3678 亿元增长到 2018 年的 90 万亿元，年均实际增长率达到 9.2%(见图 3-1)，在仅仅一代人的时间里，中国创造了比过去 5000 年总和还要多的生产力，从一个极度贫穷、人均收入仅为撒

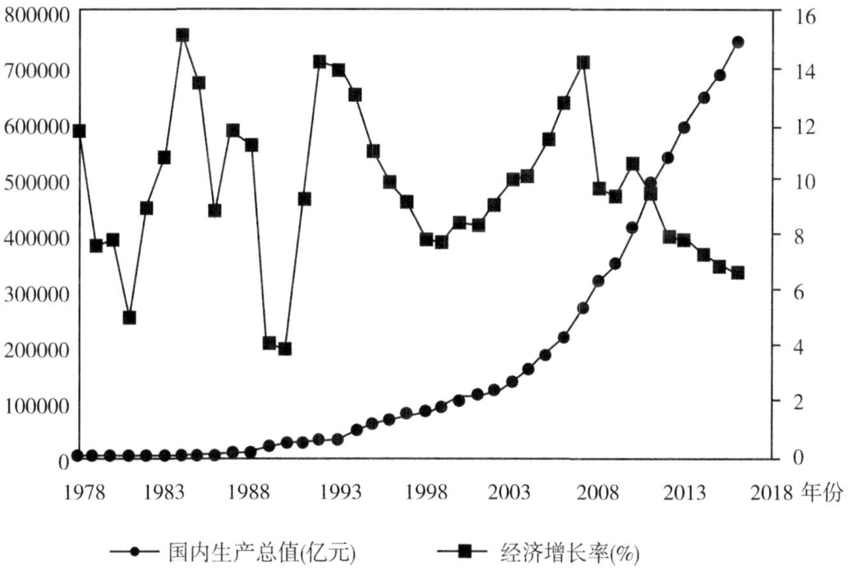

图 3-1　中国国内生产总值与经济增长①

① 数据来自历年《中国统计年鉴》。

哈拉以南非洲平均水平 1/3 的农业国，转变为世界上最大和最具活力的制造业大国(Acemoglu 和 Robinson，2012)。

中国现在一年能生产 500 亿件 T 恤衫(超过世界人口的 7 倍)，100 亿双鞋，8 亿吨粗钢(世界供给量的 50%，美国水平的 9 倍)，2.4 亿吨水泥(几乎是世界总产量的 60%)，接近 4 万亿吨的煤(几乎与世界其余地方的总量相同)以及超过 2200 万辆的交通工具(超过世界总供给量的 1/4)。中国也是世界上最大的汽车、船舶、高速列车、隧道、桥梁、公路、手机、电脑、自行车、摩托车、空调、冰箱、洗衣机、家具、纺织品、玩具、化肥、农作物、猪肉、鱼、蛋、棉花、水泥、铜、铝、书籍、杂志、电视节目等产品的制造者。中国仅拥有全球极少的自然资源，并承受养活世界 20%人口的压力，却能提供全球 1/3 的农产品和接近一半的工业产品(文一，2016)。

中国经济发展的速度为何如此之快，持续时间为何如此之长，根本动力是什么呢？在观察和分析中国 40 年的经济实践之后，本书结合现有研究成果，提出本书的重要假设：省域制度质量的提高是中国经济高速增长的根本动力。

为了充分论证以上观点，本书建立了如下论证模型(见图 3-2)。

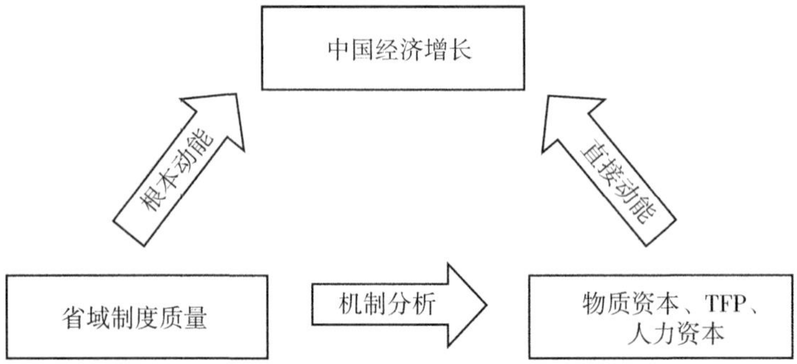

图 3-2　论证结构图

如图 3-2 所示，本书首先利用发展水平核算方法，探讨物质资本、人力资本、全要素生产率对经济增长的影响，确定全要素生产率是经济增长最主要的直接动力。其次，针对现有文献对制度质量测度上的不足，通过考察中国制度变迁的过程，从“改革”和“开放”两个维度构建新的制度指标，论证省域制度质量是中国经济增长的根本动力，其中，使用 1919 年各省基督教教会初级小学注册人数和各省省会城市的开埠通商历史作为制度的工具变量，控制制度的内生性，并采用一系列方法对结论的稳健性进行检验。最后，通过制度影响中国经济发展的机制研究发现，全要素生产率是制度促进经济增长的主要机制。

3.2　发展水平核算

为了探讨中国经济增长的直接动力来源，并测度其影响力大小，Zhu(2012)采用标准增长核算法，将人均产出分解成劳动参与率、人均资本、人均人力资本以及全要素生产率四个部分，然后分别求出它们对经济增长的贡献度，以辨识出经济增长的源泉。本节借鉴 Hsieh 和 Klenow(2010)的方法，对中国地区发展水平进行要素分解。

3.2.1　发展水平核算模型的建立

根据 Hsieh 和 Klenow(2010)的思路，将生产函数设置成 CD 生产函数的形式：

$$Y_{i,t} = A_{i,t}K_{i,t}^{\alpha}H_{i,t}^{1-\alpha} \tag{3.1}$$

其中，$Y_{i,t}$ 表示第 i 省第 t 年的实际产出；$K_{i,t}$ 表示第 i 省第 t 年的物质资本存量，$H_{i,t}$ 表示第 i 省第 t 年的人力资本存量，$A_{i,t}$ 则表示第 i 省第 t 年全要素生产率，$N_{i,t}$ 表示第 i 省第 t 年的人口总数，将(3.1)式两边同时除以总人口 $N_{i,t}$，经变换有：

$$\ln y_{i,t} = \frac{1}{1-\alpha}\ln A_{i,t} + \frac{1}{1-\alpha}\ln k_{i,t} + \ln(h'_{i,t}) \tag{3.2}$$

其中，$y_{i,t} = \frac{Y_{i,t}}{N_{i,t}}$ 为人均产出，$k_{i,t} = \frac{K_{i,t}}{N_{i,t}}$ 为人均物质资本，$h'_{i,t} = \frac{h_{i,t}L_{i,t}}{N_{i,t}}$ 为人均人力资本。

3.2.2　数据的收集与处理

3.2.2.1　劳动力总数和人口总数

为了获取劳动力和人口的数据，学者们分别采用了不同的测度方法及数据来源。龚六堂和谢丹阳(2004)依据“中国工业统计数据库”中的从业人数和在职工人数进行调整得到劳动力数据，刘华等(2004)将各省份的常住人口作为劳动力数据。本书借鉴朱子云(2014)的做法，将 1978 年以来各省三次产业就业人数之和作为劳动力总数，数据来自《中国统计年鉴》，各省人口总数来自《中国统计年鉴》中的常住人口总数。

3.2.2.2　实际产出

各省各年实际产出的计算公式如下：

$$Y_{i,t} = Y_{i,0} \cdot P_{i,t} \tag{3.3}$$

$Y_{i,0}$ 是第 i 省在基期的名义生产总值，$P_{i,t}$ 是第 i 省第 t 年的国民生产总值平减指数(以基期为 1)。为了准确、全面的测度各因素对经济增长的实际影响，本书以中国最早的统计数据记录年份—1952 年为基期。其中，1952 年各省市名义国民生产总值以及 1952—2008 年的国民生产总值平减指数数据来自《新中国六十年统计资料汇编》，2008 年以后的数据来自《中国统计年鉴》。

3.2.2.3　物质资本存量

本书利用永续盘存法测度各省年度物质资本存量，基本公式如下：

$$K_{i,t} = K_{i,t-1}(1 - \delta_{i,t}) + I_{i,t} \tag{3.4}$$

其中，$K_{i,t}$ 表示第 i 省第 t 年的固定资本存量，$\delta_{i,t}$ 表示第 i 省第 t 年的固定资本存量折旧率，$I_{i,t}$ 表示第 i 省第 t 年经平减后的固定资本增加量。

借鉴张军(2004)的做法，本书选择固定资本形成额为固定资本增加量的代理变量，平减指数为固定资本价格指数，固定资本存量折旧率取 4.5%。为了保证数据具有可比性，本书将 1952 年作为固定资本存量基年。1978—2008 年固定资本形成额来自《新中国六十年统计资料汇编》，2008 年以后的固定资本形成额来自《中国统计年鉴》。1991—2014 年各省的固定资本价格指数取自《中国统计年鉴》，1952—1990 年各省的固定资产价格指数根据《中国国内生产总值核算历史资料(1952—1995)》提供的固定资本形成指数(以上年为 100)数据计算得到，计算公式为：

$$\text{第 } i+1 \text{ 年的固定资本价格指数(以上年为 100)} = \frac{\text{第 } i+1 \text{ 的固定资本形成额现价}}{\text{第 } i \text{ 年的固定资本形成额现价} \times \text{第 } i+1 \text{ 的固定资本形成指数(以上一年为 100)}}$$

关于物质资本弹性，Bai (2006)和中国经济增长前沿课题组(2014)分别计算了 1978—2007 年与 1978—2012 年的资本弹性，在 0.4-0.6 之间。本书采用 Zhu(2012)关于我国资本弹性系数的设定，选取资本弹性系数为 0.5。

3.2.2.4 人力资本

Mulligan 和 Sala-I-Martin(1994)提出了基于劳动报酬的人力资本测算方法，此后学者们使用不同方法对人力资本进行测度(张帆，2000)。本书借鉴 Psacharopoulos(1994)的方法，将人力资本的测度公式设定如下形式：

$$h_{i,t} = e^{mS_{i,t}} \tag{3.5}$$

其中，$h_{i,t}$ 为第 i 省第 t 年的人均人力资本。m 为明瑟教育收益率，根据 Psacharopoulos 等 (2002)的研究，20 世纪 90 年代中后期亚洲国家的平均水平为 9.9%，王海港等(2007)认为，2002 年的明瑟教育收益率为 8.45%。Li 等 (2012)利用同卵双胞胎的数据进行分析发现，教育收益率为 8.3%。本书采用邓峰等(2013)应用的中国健康与营养调查(CHNS)1989—2009 年的追踪数据，测算出中国的平均教育收益率为 8.6%。为简便计算，假设各省各年的明瑟教育收益率无异质性。

关于平均受教育年限，本书采用了 Barro 和 Lee (2013)的构造思路，其公式为：

$$S = \sum_j I_j \mathrm{Dur}_j \tag{3.6}$$

j 为学历等级(小学，初中、高中、大学)，I_j 指第 j 种学历的人口占 6 岁以上人口的比例，Dur_j 为第 j 种学历持续的时间，小学为 6 年，初中为 9 年，高中为 12 年，大学为 16 年。1982 年、1986 年、1987 年、1990 年、1993 年、1995 年至 2014 年的数据来源于《中国统计年鉴》，重庆在上述年份中缺失的数据，用四川数据补齐。各省其他年份的缺失数据，利用各省时间序列数据，通过逐步平均法进行填充。

3.2.3 各省发展水平核算

3.2.3.1 各省历年的发展水平核算

根据(3.2)式和上一节获取的各变量相关数据，本书可以测度出每个省份和年份的人均实际 GDP、物质资本、人力资本、全要素生产率(TFP)。

3.2.3.2 发展水平的比较

各省各年的发展水平核算的数据量较大，为了解这些数据的结构，首先将人均产出前三名和人均产出后三名的省份进行比较，如表 3-1 所示。

表 3-1　人均产出前三名及后三名省份在各变量上的比值(1978—2014 年)

	人均实际 GDP	物质资本	人力资本	全要素生产率
1978	13.65	0.75	1.78	10.24
1979	13.32	0.81	1.80	9.18
1980	13.94	0.83	1.78	9.41
1981	13.15	0.94	1.79	7.82
1982	12.43	1.03	1.75	6.87
1983	12.35	1.08	1.79	6.41
1984	12.14	1.13	1.73	6.23
1985	12.01	1.18	1.67	6.09
1986	11.74	1.27	1.61	5.72
1987	11.74	1.36	1.47	5.88
1988	12.01	1.43	1.46	5.88
1989	11.85	1.54	1.42	5.39
1990	11.90	1.63	1.42	5.14
1991	12.15	1.68	1.41	5.14
1992	12.20	1.75	1.40	4.99
1993	12.11	1.83	1.35	4.93
1994	12.43	1.88	1.37	4.84
1995	12.38	1.98	1.32	4.72
1996	12.51	2.06	1.33	4.58
1997	12.72	2.10	1.30	4.66
1998	12.79	2.12	1.25	4.85
1999	13.00	2.08	1.26	4.97
2000	12.99	2.02	1.19	5.42
2001	13.15	1.96	1.12	6.01
2002	13.24	1.92	1.14	6.06
2003	13.35	1.89	1.14	6.20
2004	13.41	1.85	1.28	5.68

续表

	人均实际 GDP	物质资本	人力资本	全要素生产率
2005	12.83	1.84	1.27	5.48
2006	12.62	1.81	1.29	5.40
2007	12.31	1.79	1.28	5.34
2008	12.14	1.74	1.28	5.46
2009	10.08	1.75	1.18	5.05
2010	9.27	1.75	1.10	4.84
2011	8.70	1.76	1.05	4.47
2012	8.27	1.75	1.10	4.30
2013	7.98	1.71	1.16	4.01
2014	7.78	1.67	1.11	4.20

注：(经济发展水平前三位与后三位)的人均实际 GDP 的比值=资本的比值×人力资本的比值×全要素生产率的比值；经济发展水平前(后)三位的人均实际 GDP 为这三个省人均实际 GDP 的几何平均值。

由表 3-1 知，人均产出前三名和后三名的省份，在 1978 年人均产出的差异为 13.65 倍，其中，物质资本、人力资本、全要素生产率的差异可以分别解释其中的 0.75 倍、1.78 倍、10.24 倍。2014 年，人均产出的差异收敛至 7.78 倍，其中，物质资本、人力资本、全要素生产率的差异可以分别解释其中的 1.67 倍、1.11 倍、4.20 倍。由此发现，1978—2014 年，全要素生产率的差异是地区人均产出存在巨大差异的主要原因，全要素生产率是促进经济发展最主要的直接动力。

为了检验结论的稳健性，本书继续测算经济发展水平最高和最低的省份，在人均产出及其影响因素上的比较，相关测算如表 3-2 所示。由表 3-2 可知，人均产出最高和最低的省份，在 1978 年的差异为 24.09 倍，其中，物质资本、人力资本、全要素生产率的差异分别可以解释其中的 0.24 倍、2.30 倍、43.15 倍。2014 年，人均产出的差异收敛至 14.44 倍，其中，物质资本、人力资本、全要素生产率的差异可以分别解释其中的 0.40 倍、1.27 倍、28.60 倍。虽然数据波动较之前更大，但得到的结论是一致的，全要素生产率的差异是人均产出差异的主要原因，TFP 是经济发展最主要的直接动力。

表 3-2　人均产出最高及最低的省份在各变量上的比值(1978—2014 年)

	人均实际 GDP	物质资本	人力资本	全要素生产率
1978	24.09	0.24	2.30	43.15
1979	24.19	0.24	2.31	43.15
1980	25.49	0.71	2.12	16.88
1981	24.99	0.28	2.22	40.60
1982	23.17	0.33	2.15	32.23
1983	22.11	0.37	2.27	26.09
1984	20.53	0.42	2.14	22.87
1985	21.59	0.41	2.04	25.93
1986	21.46	0.44	1.97	24.71
1987	20.87	0.49	1.76	24.21
1988	21.15	0.52	1.72	24.21
1989	20.77	0.56	1.62	22.88
1990	20.87	0.58	1.57	22.83
1991	21.75	0.96	1.48	15.43
1992	21.85	0.60	1.56	23.17
1993	22.84	0.63	1.48	24.63
1994	24.18	0.66	1.42	25.88
1995	25.78	0.71	1.45	25.14
1996	26.44	0.76	1.56	22.44
1997	27.04	0.77	1.48	23.55
1998	27.19	0.77	1.44	24.59
1999	27.28	0.74	1.38	26.54
2000	27.54	0.71	1.38	28.23
2001	27.28	0.66	1.14	35.92
2002	27.38	0.62	1.13	39.02
2003	27.32	0.58	1.15	40.60
2004	27.19	0.56	1.25	39.23

续表

	人均实际 GDP	物质资本	人力资本	全要素生产率
2005	25.11	0.55	1.17	38.85
2006	24.42	0.54	1.20	37.71
2007	23.40	0.53	1.12	39.36
2008	22.64	0.52	1.10	39.78
2009	19.86	0.52	1.26	33.75
2010	18.34	0.50	1.17	31.44
2011	16.87	0.49	1.08	29.67
2012	15.81	0.46	1.16	29.54
2013	15.00	0.43	1.32	26.49
2014	14.44	0.40	1.27	28.60

3.2.4 不同要素对经济发展水平差异的贡献度

为测度不同要素的差异对经济发展水平差异的贡献度，本书借鉴 Caselli (2005)的做法，进行如下定义：

$$\text{物质资本的贡献度}=\frac{\ln(\text{物质资本})}{\ln(\text{人均产出})} \tag{3.7}$$

$$\text{人力资本的贡献度}=\frac{\ln(\text{人力资本})}{\ln(\text{人均产出})} \tag{3.8}$$

$$\text{TFP 的贡献度}=\frac{\ln(\text{TFP})}{\ln(\text{人均产出})} \tag{3.9}$$

本书采用表 3-1 中的数据以及 Hsieh 和 klenow 分解法测算各要素对人均产出差异的贡献度。由图 3-3 知，1978—2014 年，人力资本的贡献度在 10%左右，贡献很小；物质资本的贡献度则表现为先增长后平稳的趋势，20 世纪 90 年代以后其贡献稳定在 20%~30%，高于人力资本的贡献度；全要素生产率的贡献度则表现为先下降后平稳的趋势，基本维持在 60%~70%。从以上分析知，物质资本和人力资本的差异对地区发展差异贡献有限，全要素生产率的差异则是地区人均产出差异的主要来源。

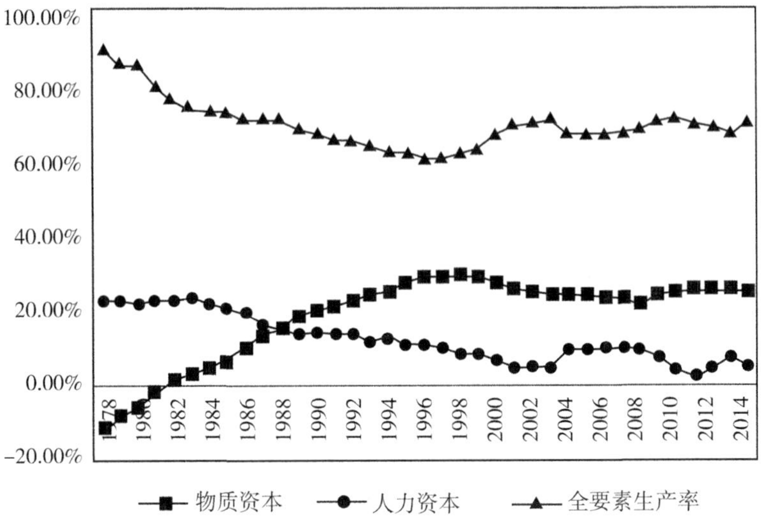

图 3-3　各要素对人均产出差异的贡献度(Hsieh 和 Klenow 分解法)

为了检验结论的稳健性，本书借鉴 Hall 和 Jones(1999)的发展核算方法，计算不同要素对经济发展水平差异的贡献度，得到图 3-4。如图 3-4 所示，人力资本对经济发展水平差异的贡献在 10%左右，物质资本对经济发展水平差异的贡献在 20%~30%，而全要素生产率对经济发展水平差异的贡献在 60%~70%，结论与图 3-3 类似，这表明结论稳健。

由图 3-3 和图 3-4 可知，在三种要素在贡献上存在部分差异，其可能的原因是，在发展水平核算的分解模型上存在差异。在 Hsieh 和 Klenow(2010)的分解中，物质资本用人均资本存量进行测度，同时考虑了劳动力和总人口的区别，而在 Hall 和 Jones(1999)的分解中，用资本产出比来测度物质资本的贡献，并且不考虑劳动力和总人口的区别。

由以上分析可知，无论用哪种模型，全要素生产率对人均产出差异的解释能力在 60%~70%，结论稳健，TFP 对经济差异的影响最大，是经济发展最主要的直接动力。

物质资本、人力资本、全要素生产率的差异共同造成了地区发展水平的巨

① Hall 和 Jones(1999)的发展水平核算模型为 $\ln\frac{Y}{L}=\frac{\alpha}{1-\alpha}\ln\frac{K}{Y}+\ln A+\ln\left(\frac{H}{L}\right)$，其中，$Y$ 为总产出，L 为总人口，K 为资本存量，H 为人力资本。

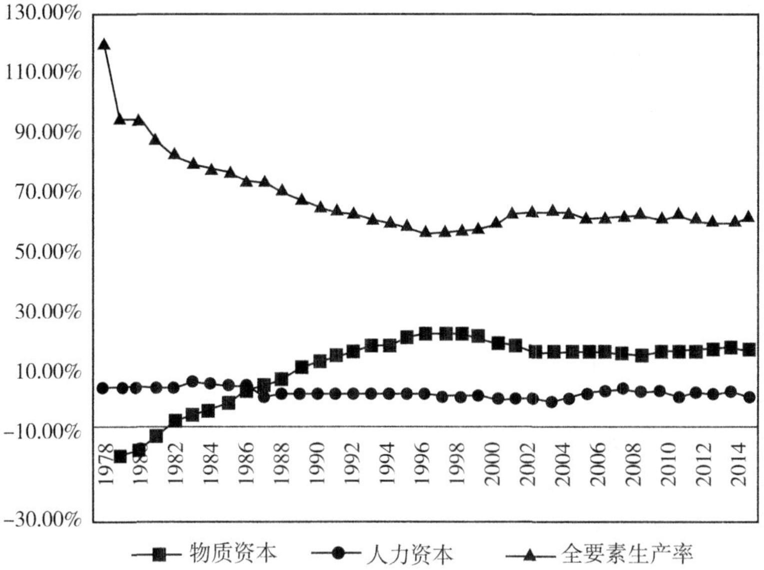

图 3-4　各要素对人均产出差异的贡献度(Hall 和 Jones 分解法)

大差异，那什么因素造成物质资本、人力资本、全要素生产率的巨大差异呢？中国经济增长的根本动力是什么呢？大量的文献均认为，制度是经济增长最重要的决定性要素。因此，本书认为省域制度质量的差异导致了地区间物质资本、人力资本和全要素生产率的巨大差异。为了进行严谨的科学研究，本书下一节根据中国国情构造制度指标，并对省域制度质量进行精准测度。

3.3　制度指标的构建与测度

对制度最理想的测度应该是可以量化生产性行为的私人收益和社会收益之间的差距，一个好的制度应该使得两者的收益保持一致，但在实际研究中很难找到完美的制度变量，因此，我们必须寻找制度的替代指标。Hall 和 Jones (1999)将制度质量定义为反腐败指数和贸易开放指数的均值，试图测度不同国家的制度质量；王军等(2013)将制度分为市场化程度、产业结构、开放程度、城市化水平和受教育程度五个维度，采用熵值法构造出制度指标。他们均试图通过多维测度的方式测度制度指标，这为本书制度质量的构建提供了思路。回顾中国制度变迁的进程不难发现，目前中国实施的社会主义市场经济制度，始于 1978 年党的十一届三中全会所确定的改革开放路线，在对内改革和对外开放双重制度利好的激励下，中国经济起飞，经济奇迹得以发生并延续至今，因此，本书从改革和开放两个维度来测度制度指标。

3.3.1　改革指标

改革开放以来，我国改革性制度建设取得巨大成就。以家庭联产承包责任制为例，它被邓小平同志誉为中国农村改革与发展的“第一次飞跃”。1978 年 11 月 24 日晚上，安徽省凤阳县小岗村 18 位农民签下“生死状”，将村内土地分开承包，开创了家庭联产承包责任制的先河。当年，小岗村粮食大丰收。1980 年 5 月 31 日，邓小平公开肯定小岗村“大包干”的做法，并提出“农村改革势在必行”①。1982 年 1 月 1 日，新中国历史上第一个关于农村工作的一号文件正式出台，明确指出包产到户、包干到户都是社会主义集体经济的生产责任制，是我国农村集体经济的主要实现形式。家庭联产承包责任制突破了“一大二公”“大锅饭”的旧体制，实施生产资料集体所有、按劳分配、集体经营和家庭经营并存的方式，是中国农民的伟大创造，是农村经济体制改革第一步，也是改革开放后最重要的制度改革成果。此后，中国政府不断完善和稳固家庭联产承包责任制，鼓励农民发展多种经营，奠定了经济发展和后续改革的基础，调动了农业生产者的积极性，推动农业生产的快速发展，中国随后迅速摘掉贫困落后的帽子，逐步走上富裕的道路(孙圣民和陈强，2017)。

在农村领域成功改革的激励下，中国在所有领域都进行了大刀阔斧的改革。行政领域形成了能够赋予地方政府经济激励的地方分权以及财税分权的机制；工商业领域从统产统销的计划经济体制向以“价格双轨制”为代表的过渡性市场化制度转变，再逐步向市场在资源配置中起决定性作用的市场经济体制转变，并取得巨大成功。党的十八届三中全会再次指出，处理好市场和政府的关系是经济体制改革的核心问题，并强调市场在资源配置中的决定性作用。因此，市场化改革是中国经济改革的重要内容，也是中国经济增长的重要推动力(樊纲等，2011)。因此，本书定义改革指标是指从计划经济向市场经济转型的制度质量的测度。

本章借鉴邓路等(2014)的做法，选用市场化指数来测度改革指标，此指标对各地区市场化改革的深度和广度进行了全面、持续、稳定的测度，真实地反映各地区的市场化进程，在研究中被广泛应用。本书使用的市场化指数来自

① 邓小平文选(1975—1982 年)[M]. 北京：人民出版社，1983：275.

《中国市场化指数：各地区市场化相对进程2011年报告》，它详细记录了1997—2009年间市场化指数，且数据间具有年度可对比性，因此，本书选取市场化指数的样本区间为1997—2009年。由表3-3可知，从全国层面看，2009年改革指标的平均值为0.772，1997年改革指标的平均值为0.434，平均改善程度达到78%，全国的改革指标取得了较大改善。从分省层面看，1997年改革指标最低的是云南(0.27)，最高的是广东(0.629)；2009年改革指标最低的是甘肃(0.488)，最高的是浙江(1.116)，改善程度最高的是云南(124%)，最低的是海南(40%)，从这三个指标看，各省改革指标相差悬殊，改善程度差异较大。

表3-3 **各省份改革指标的比较**

省份	改革指标		改善程度	省份	改革指标		改善程度
	1997	2009			1997	2009	
北京	0.515	0.958	86%	山东	0.48	0.877	83%
天津	0.453	0.919	103%	河南	0.482	0.778	61%
河北	0.498	0.716	44%	湖北	0.424	0.733	73%
山西	0.334	0.618	85%	湖南	0.473	0.718	52%
辽宁	0.458	0.831	81%	广东	0.629	1.025	63%
吉林	0.351	0.699	99%	广西	0.422	0.62	47%
黑龙江	0.273	0.607	122%	海南	0.46	0.644	40%
上海	0.5	1.042	108%	重庆	0.428	0.787	84%
江苏	0.525	1.058	102%	四川	0.424	0.723	71%
浙江	0.617	1.116	81%	贵州	0.289	0.556	92%
安徽	0.442	0.764	73%	云南	0.27	0.604	124%
福建	0.543	0.878	62%	陕西	0.303	0.566	87%
江西	0.393	0.748	90%	甘肃	0.301	0.488	62%
全国	0.434	0.772	78%				

注：改善程度=(改革指标(2009)-改革指标(1997))/改革指标(1997)-1

3.3.2　开放指标

设立经济特区是我国渐进式改革开放的重要起点(徐现祥和陈小飞，2008)，是“对外政策的窗口”，具有标志性意义。1979 年 4 月邓小平首次提出要开办“出口特区”，同年 7 月，中共中央、国务院同意在深圳、珠海、汕头、厦门市试办出口特区；1980 年 5 月，出口特区改称为经济特区。1984 年，邓小平强调，“我们建立经济特区，实行开放政策，有个指导思想要明确，就是不是收，而是放”①，充分展示经济特区进行对外开放制度改革的坚定决心和指导原则。同时，他还指出设立经济特区的另一个重要功能是“发展自己的同时，也要带动落后地区的发展”，“沿海地区要加快对外开放，使这个拥有两亿人口的广大地带较快地先发展起来，从而带动内地更好地发展，这是一个事关大局的问题”②。经济特区的设立，是推进我国对外开放而做出的重大决策，使我国能够充分利用外资，引进先进技术，提高对外开放水平，提升开放制度质量。

在经济特区取得巨大成就的鼓舞下，我国不断完善开放性制度，并不断取得新的成果：在区域性开放制度建设方面，又先后建立以大连、青岛、烟台、福州等为代表的沿海开放城市制度，以长江三角洲、珠江三角洲和闽南三角洲为代表的沿海经济开发区制度，以合肥、南昌、长沙等为代表的内陆开放城市制度，以黑河、珲春、凭祥等为代表的沿边开放城市制度，形成了经济特区—沿海开放城市—沿海经济开放区—内地这样一个逐步推进式的格局。2001 年中国加入世界贸易组织，中国全方位参国际贸易规则制定。“一带一路”倡议的提出与实施是中国对外开放制度的深入发展。

本书将开放指标定义为对封闭经济向开放经济转型的制度质量的测度。Brown 在《1941—1943 年国际金本位制的再解释》一书中，最早提出依存度的概念，并使用外贸依存度来测度一国贸易开放指标，并沿用至今，但该方法指标单一，无法全面评价开放性。本书借鉴邹薇(2014)关于开放指标的构造思路，将开放指标分为对内开放指标和对外开放指标，全面反映中国地区开放程度，其中，对内开放指标包括：区际市场活跃度、货运密度、客运密度、区际分工度、劳动力流动程度、技术依存度、信息流动性、经济虚拟化、政府对经济的干预、法治环境、区际资金依存度等 11 项指标，对外开放度包括进口依存度、出口依存度、外商投资进出口占比、入境旅游人数、

① 邓小平文选：第三卷[M]. 北京：人民出版社，1993：51.

② 邓小平文选：第三卷[M]. 北京：人民出版社，1993：277-278.

旅游收入占比、外商投资企业数占比、外商投资额占比、技术市场成交额占比、引进国外技术合同数占比、引进国外技术合同金额占比、版权引进和输出占比、发表 SCI、ISTP 及 EI 论文数等 12 项指标，详见附录 1。对于开放指标的测度方法，本书借鉴市场化指数的测度方法——简单平均法，使得开放指标也具有年度可比性。

由表 3-4 可知，从全国层面看，较之 1997 年，2009 年的对外指数提升了 58%，略低于改革指标的增幅，其中，重庆、四川、甘肃、江西、山西、安徽等中西部地区增长迅速，增幅超过 100%，在传统对外开放水平较高的沿海城市中，上海、江苏、浙江的增长幅度较大，其他沿海省份增速很低，其中广东仅增长 20%，其可能的原因是，2008 年经济危机对以纺织服装、食品饮料、建筑材料为传统优势产业的广东、福建等省份冲击最为严重。

表 3-4　　　　各省份对外开放指标的比较

省份	对外开放指标		改善程度	省份	对外开放指标		改善程度
	1997	2009			1997	2009	
北京	0.639	1.091	71%	山东	0.090	0.111	23%
天津	0.322	0.395	23%	河南	0.027	0.033	22%
河北	0.038	0.042	10%	湖北	0.060	0.095	58%
山西	0.023	0.047	108%	湖南	0.034	0.054	59%
辽宁	0.144	0.190	32%	广东	0.515	0.617	20%
吉林	0.062	0.111	78%	广西	0.061	0.077	26%
黑龙江	0.056	0.095	68%	海南	0.363	0.484	33%
上海	0.391	0.852	118%	重庆	0.057	0.138	143%
江苏	0.132	0.272	106%	四川	0.025	0.069	173%
浙江	0.092	0.222	141%	贵州	0.030	0.036	23%
安徽	0.030	0.066	116%	云南	0.059	0.069	17%
福建	0.239	0.296	24%	陕西	0.058	0.119	106%
江西	0.028	0.061	119%	甘肃	0.021	0.058	179%
全国	0.138	0.219	58%				

注：改善程度=(对外开放指标(2009)-对外开放指标(1997))/对外开放指标(1997)-1

由表 3-5 可知，从全国层面看，较之 1997 年，2009 年的对内开放水平提升了 244%，增幅巨大，这表明对内开放制度的大幅改善是中国制度变革的重要部分，其必然会促进经济增长，是中国经济奇迹得以延续的制度基础。同时，对内指标的巨大提升，也说明构造对内开放指标的必要性，其必然会全面、精准地测度开放水平和制度质量。具体来看，除贵州和海南之外，其他省份的对内开放水平提升幅度超出 100%，上海的增长幅度甚至高达 900%，这与上海深厚的经济基础、独特的区位优势、倾向性的地方政策以及蓬勃发展的新经济密切相关。

表 3-5　**各省份对内开放指标的比较**

省份	对内开放指标		改善程度	省份	对内开放指标		改善程度
	1997	2009			1997	2009	
北京	0.662	3.134	373%	山东	0.247	0.917	270%
天津	0.554	2.131	285%	河南	0.269	0.784	192%
河北	0.312	0.848	171%	湖北	0.377	0.800	112%
山西	0.286	0.636	123%	湖南	0.325	0.682	110%
辽宁	0.381	1.101	189%	广东	0.347	1.837	430%
吉林	0.293	0.911	211%	广西	0.258	0.653	153%
黑龙江	0.322	0.730	127%	海南	0.291	0.577	98%
上海	0.602	6.121	918%	重庆	0.278	0.881	217%
江苏	0.401	1.506	275%	四川	0.253	0.785	211%
浙江	0.416	1.793	331%	贵州	0.263	0.448	70%
安徽	0.246	0.821	234%	云南	0.223	0.543	144%
福建	0.289	1.092	277%	陕西	0.285	0.799	180%
江西	0.269	0.833	209%	甘肃	0.284	0.592	109%
全国	0.340	1.171	244%				

注：改善程度=(对内开放指标(2009)-对内开放指标(1997))/对内开放指标(1997)-1

由表3-6可知，从全国层面看，1997—2009年间，中国的开放水平大幅提升200%，这是中国2001年加入世界贸易组织(简称WTO)的成果。中国加入了WTO之后，获得稳定、多边、无条件的最惠国待遇，同时以发展中国家的身份获得包括普惠制在内的优惠待遇，有利于实现市场多元化，减少贸易诉讼和贸易纠纷，拓宽出口贸易。WTO是以市场经济为基点的一整套多边秩序，中国加入世界贸易组织，有利于中国市场经济的健全和完善，进一步地推动中国与他国之间的深度开放。同时，从上文的分析可知，中国开放指标的大幅增长主要来自对内开放指标的大幅增长。

表3-6 **各省份开放指标的比较**

省份	开放指标		改善程度	省份	开放指标		改善程度
	1997	2009			1997	2009	
北京	0.651	2.113	225%	山东	0.169	0.514	204%
天津	0.438	1.263	188%	河南	0.148	0.409	176%
河北	0.175	0.445	154%	湖北	0.219	0.448	105%
山西	0.154	0.342	122%	湖南	0.180	0.368	105%
辽宁	0.262	0.645	146%	广东	0.431	1.127	161%
吉林	0.178	0.511	188%	广西	0.159	0.355	122%
黑龙江	0.189	0.412	118%	海南	0.327	0.480	46%
上海	0.496	3.487	603%	重庆	0.168	0.509	204%
江苏	0.267	0.889	233%	四川	0.139	0.427	207%
浙江	0.254	1.008	297%	贵州	0.147	0.232	58%
安徽	0.138	0.443	221%	云南	0.141	0.306	117%
福建	0.264	0.644	144%	陕西	0.171	0.459	168%
江西	0.149	0.447	201%	甘肃	0.152	0.325	113%
全国	0.237	0.712	200%				

注：改善程度=(开放指标(2009)-开放指标(1997))/开放指标(1997)-1

3.3.3　制度指标

本书采用改革指标和开放指标的平均值作为制度的替代指标，由表 3-7 可知，从全国层面看，中国的制度指标在样本区间内大幅改善了 124%。在 2009 年的制度指标中，最大值为 2.29，这表明部分省份的水平远远超过全国的平均水平，不同省份间的制度质量差异较大，这成为影响区域经济发展的重要因素，也是研究中国经济奇迹的突破口。

表 3-7　　各省份制度指标的比较

省份	制度指标		改善程度	省份	制度指标		改善程度
	1997	2009			1997	2009	
北京	0.583	1.550	166%	山东	0.324	0.703	117%
天津	0.445	1.103	148%	河南	0.315	0.606	92%
河北	0.337	0.586	74%	湖北	0.321	0.606	89%
山西	0.244	0.476	95%	湖南	0.326	0.554	70%
辽宁	0.360	0.761	111%	广东	0.530	1.084	105%
吉林	0.264	0.610	131%	广西	0.291	0.486	67%
黑龙江	0.231	0.512	121%	海南	0.393	0.510	30%
上海	0.498	2.291	360%	重庆	0.298	0.662	122%
江苏	0.396	1.022	158%	四川	0.282	0.592	110%
浙江	0.436	1.094	151%	贵州	0.218	0.394	81%
安徽	0.290	0.616	112%	云南	0.205	0.456	122%
福建	0.404	0.773	92%	陕西	0.237	0.512	116%
江西	0.271	0.606	124%	甘肃	0.227	0.412	82%
全国	0.336	0.753	124%				

注：改善程度 =（制度指标（2009）- 制度指标（1997））/ 制度指标（1997）- 1

3.4 制度质量与经济增长的实证研究

3.4.1 人均产出与制度质量的散点图

由图 3-5 可知，制度质量和人均产出的对数值之间存在着显著的正向线性关系，这表明随着制度质量的提升，人均产出也在显著提高。

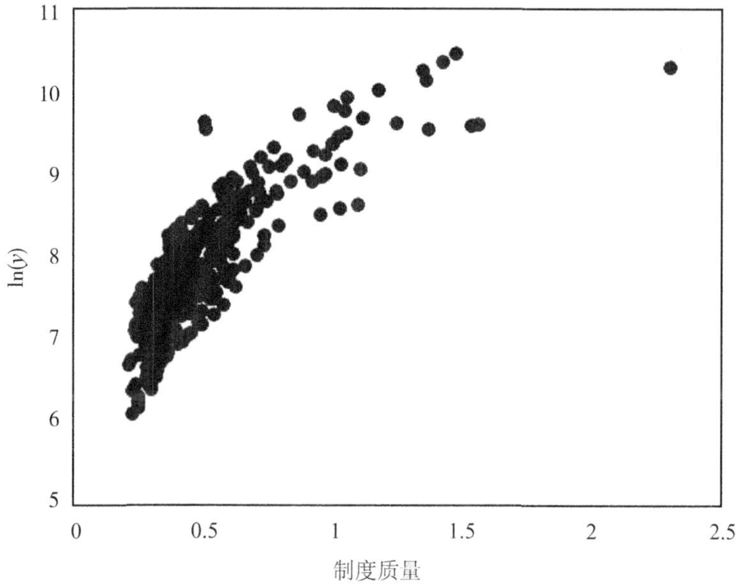

图 3-5　制度质量与人均产出的散点图

3.4.2 模型的建立

根据图 3-5 的提示，本书借鉴 Acemoglu 等(2001)的思想，建立结构模型如下：

$$\ln y_{it} = \beta_0 + \beta_1 S_{it} + \mu_i + \delta_t + \varepsilon_{it} \tag{3.10}$$

其中，i 表示省份，t 表示年份，$\ln y$ 表示人均产出 y 的对数值，S 为制度变量，δ_t 为时间效应，μ_i 为个体效应，ε 为随机误差项，假设服从均值为 0，方差有限的正态分布。

此模型暗含的假设为制度是经济发展水平的唯一决定性因素，但这种设置使得制度可能成为一个内生变量，产生内生性的原因可能如下，首先，制度和人均产出之间存在双向反馈效应。经济制度不是外生的，而是取决于经济发展水平，经济发展水平越高，越有资源来建立一个良好的经济制度，同时，良好的经济制度也能为经济的发展提供保证和基础。其次，制度是无法描述的，不可能对其精确度量，因此，任何度量必然存在测度误差，继而产生内生性。最后，经济发展水平的决定性因素，可能不止制度一个，会遗漏其他的重要变量，形成制度的内生性。

3.4.3　制度质量与经济增长的实证研究

制度质量与经济增长的实证研究结果见表 3-8。模型(1)为使用 OLS 法的混合回归，作为基准模型，其结果显示制度显著地促进经济增长。模型(1)没有考虑省份间的异质性，因此，对模型(1)采用固定效应方法，得到模型(2)。模型(2)的结果显示，制度显著地促进经济增长，但系数出现了较大的变化，其可能的原因是制度的内生性问题。

表 3-8　　**制度质量与经济增长的实证研究结果**

	(1)	(2)	(3)	(4)	(5)	(6)	(7)	(8)	(9)
VAR	OLS	FE	IV	IV	bsq25	bsq50	bsq75	FE	FE
S	2.258***	1.400**	2.811***	2.781***	2.001***	2.698***	2.838***	2.582***	0.672**
	(9.62)	(2.79)	(12.30)	(17.58)	(5.21)	(10.94)	(15.94)	(15.02)	(2.22)
C	6.754***	7.184***	6.509***	6.491***	6.476***	6.998***	7.089***	6.345***	7.614***
	(60.49)	(28.49)	(80.59)	(78.88)	(55.47)	(22.36)	(48.86)	(61.79)	(61.96)
FE	No	Yes	Yes	Yes	Yes	Yes	Yes	Yes	Yes
OBS.	338	338	338	338	338	338	338	338	338

注：*** 表示通过 1%显著性检验，** 表示通过 5%显著性检验。模型(1)~(2)和(8)~(9)的括号内为 t 值，模型(3)~(4)的括号内为 z 值，模型(5)~(7)为 t 值，其 t 值采用 Bootstrap 法获取，重复抽样 400 次。

3.4.3.1　内生性

为了控制制度的内生性，本书首先使用 1919 年各省基督教教会初级小学注册人数作为制度的工具变量，方颖和张扬(2011)认为现行制度及其制度质量的高低与受西方思想的影响有关，而西方思想的传播则表现在基督教布道的深度和广度，其测度就是各地教会初级小学注册人数。在采用了二阶段最小二乘法(2SLS)之后，得到模型(3)。模型(3)的结果显示，当制度改善1%，会显著地促进经济增长2.81%。

各省基督教初级教会小学的注册人数由笔者根据《中华归主》一书的数据整理而成，此书详载了1919年中华民国19个省1704个县市的基督教发展状况。民国时期行政区域的划分与现在差别较大，为了与现有的数据匹配，本书将1704个县市的数据按现行的行政区域划分进行重新整理，得到了除香港、澳门、台湾、内蒙古、西藏、青海、宁夏、新疆之外的26个省市区的数据。

董志强等(2012)也认同，中国制度变迁和省域制度质量差异与西方思想影响的程度有关。同时他们发现，一地开埠通商历史越长，受西方影响越深，制度便越开明。于是，本书继续采用以省会城市的开埠通商历史作为各省制度质量的工具变量，以控制其内生性，得到模型(4)。由模型(4)的结论知，当制度改善1%，会促进经济增长2.78%。

3.4.3.2 稳健性

为检验模型(3)结论的稳健性，本书采用以下三种不同的方式。

第一，采用面板分位数法。通过面板分位数回归，得到模型(5)~(7)。从结论看，随着分位数的增加(0.25，0.5，0.75)，制度的分位数回归系数呈现出稳定上升的趋势(2.00，2.70，2.84)，通过自助法重复400次得到的t值看，制度促进经济增长的显著性也在逐渐增强，这说明制度质量越高，对经济增长的促进作用越大，在经济发达的省份尤其如此。分位数回归证实，模型(3)的结论稳健。

第二，采用其他的制度指标。本节采用改革指标和开放指标替代制度指标，来分析制度与经济增长关系的稳健性，由表3-8的模型(8)和模型(9)可知，以改革指标和开放指标为代表的制度显著地促进经济增长，制度质量越高，越能促进经济增长。同时也发现，改革指标对经济增长的促进作用远大于开放指标，这就是所谓的“打铁还需自身硬”，制度促进经济增长的动力，不仅来自开放带来的市场需求增加，流通成本的下降，更重要的是依靠自身不断进行经济体制和政治体制改革，提高市场化程度，提升制度质量。

第三，使用控制变量。本节将模型设置为：

$$\log y_{it} = \beta_0 + \beta_1 S_{it} + \beta_2 X_{it} + \mu_i + \delta_t + \varepsilon_{it} \tag{3.11}$$

其中，X_{it}为控制变量，表示其他可能的决定性因素。

本节借鉴Acemoglu(2001)的思路，增加人口变量和起跑线变量作为控制变量，得到模型(10)和模型(11)(见表 3-9)。结论显示人口对经济增长具有显著地促进作用，是重要的经济变量。起跑线对经济增长也有显著地促进作用，这表明经济增长具有起跑线效应，经济基础越好，发展起点越高，后期经济发展越好。

表 3-9　**稳健性分析**

序号	控制变量		制度	序号	控制变量		制度
	变量名	系数			变量名	系数	
10	人口	0.102***	2.111***	17	东部	−0.116***	4.246***
		(2.81)	(20.52)			(−4.34)	(9.06)
11	起跑线	0.0046***	2.0711***	18	中部	0.041***	2.408***
		(3.34)	(19.82)			(4.30)	(16.99)
12	气温	−0.647	2.747***	19	西部	0.047***	2.467***
		(−1.52)	(17.71)			(4.34)	(17.62)
13	日照	0.222	2.738***	20	腐败	0.167	2.863***
		(0.95)	(17.72)			(1.36)	(14.83)
14	降水量	−0.086	2.744***	21	资源丰裕度	−0.019	1.414***
		(−0.91)	(17.69)			(−0.39)	(2.87)
15	纬度	0.0011***	2.0364***	22	技术进步	−0.033	1.955**
		(8.96)	(24.16)			(−1.17)	(2.21)
16	沿海	0.024**	2.478***	23	产业结构	0.440	1.380**
		(2.49)	(14.60)			(0.33)	(2.69)

注：经 Hausman 检验，本节所有回归均采用固定效应模型。*** 表示通过 1%显著性检验，** 表示通过 5%显著性检验。括号内为系数的 t 值。

数据来源：人口变量为各省各年常住人口的对数值，数据来自《中国统计年鉴》；起跑线变量为各省 1978 年 GDP 的对数值，数据来自《中国统计年鉴》；各省的纬度由各省省会的人民政府所在地的纬度进行替代，数据来自百度网站；以省会城市的气温、日照、降水量作为各省对应指标的替代指标，省会城市的气温、日照、降水量数据来自历年《中国气象年鉴》；腐败以每万名公务员中职务犯罪的案件数作为替代变量(刘勇政和冯海波，2011)，职务犯罪的案件数来自《中国检察年鉴》；东、中、西区和沿海省份以哑变量的形式设置。资源充沛度等于各省原煤、原油、天然气产量比例的加权平均值，权重分别为 0.75，0.23，0.02(徐康宁和王剑，2006)。技术进步用每万人申请专利量的对数值替代。产业结构用第三产业增加值占 GDP 的比重替代。

模型(12)~(14)分别考虑气温、日照和降水量等气候因素，气温、日照和降水量等直接影响农业生产，历来在文献中都是重要的经济地理变量(Diamond，1997；Acemoglu，2004)。研究发现，在样本期间内，气候因素并不显著影响经济增长，此结论与方颖和赵扬(2011)的研究结论一致。

模型(15)~(16)考虑纬度和沿海等地理因素。研究发现，沿海地区的经济增长率比非沿海地区平均高0.024%。沿海地区凭借天然的便利交通条件创造出市场化程度更高的经济环境和更加开放的市场，贸易自由化和资本流入是沿海地区改革开放后经济增长的主要因素(Jian et al.，1996)。另外，沿海地区的民营企业也利用地理条件积极开拓海外市场，利用劳动力优势，出口大量劳动密集型产品，成为中国经济增长的主要引擎。同时也发现，纬度对经济增长也有促进作用，这说明当纬度较高时，气温既不会太热，也不会太冷，气候更适合生产，经济也相对发达。由此可见，地理因素可部分地解释地区间经济差异。

模型(17)~(19)考虑与东、中、西区相关的区域性政策因素。从结论看，在样本区间内，中部和西部区域性经济政策促进了经济增长，这是国家“中部崛起”和“西部大开发”等战略的积极成果。而东部的区域性经济政策抑制经济增长，其可能的原因是东部地区区域性政策实施了30多年，制度红利正在消失或者已经消失，经济利益固化，新的利益集团形成，阻碍制度改革深入，阻碍经济发展(沈坤荣和滕永乐，2013)，因此，在东部地区需要在各领域进行更深入的制度改革。同时也发现，东部地区的制度效应远高于中部和西部，说明在经济水平发达地区对制度的依赖性更大，制度对经济增长的影响也更大，这与模型(5)~(7)的结论相一致。总的来说，区域经济政策成为经济增长的重要因素。

模型(20)考虑了腐败因素。从结果可以看出，腐败不能显著地促进经济增长。这提示我们，中国的制度质量仍然需要提高，必须坚定地进行制度改革，建设高质量的制度。

模型(21)考虑了资源因素。由结论可知，资源的丰裕程度对经济增长具有不显著的阻碍作用，也就是说，在样本区间内，存在不显著的“资源诅咒”效应。Sachs和Warner(2001)认为，自然资源具有较高的经济租，引致了大量的寻租行为，导致腐败、官僚作风以及公共利益的损害，从而造成了“资源诅咒”效应。

模型(22)~(23)考虑了技术进步和产业结构因素，结果显示，在样本期间，技术进步和产业结构对经济增长的作用均不显著。

从模型(10)~(23)的结论看，在考虑了控制变量之后，制度对经济增长的促进作用依然显著，制度效应的系数远大于其他控制变量。因此，制度是经济增长最重要的决定性因素，是中国经济奇迹发生的根本动力。

3.4.4　制度影响经济增长的机制研究

物质资本、人力资本以及全要素生产率是影响经济发展的三个直接因素，制度虽不直接影响经济，但可以通过影响物质资本、人力资本以及全要素生产率的效率来影响经济发展。

表3-10　　制度影响经济增长的机制研究

	(24)	(25)	(26)
VAR.	k	h	TFP
S	0.854***	0.451***	1.384***
	(11.77)	(14.46)	(15.39)
C	0.106***	-0.164***	6.573***
	(2.80)	(-10.05)	(139.30)
Obs	325	325	325
FE	Yes	Yes	Yes

注：由于海南的数据空缺，因此本节的样本中不含海南。*** 表示通过1%显著性检验。括号内为系数的t值。

本节继续以1919年各省基督教教会初级小学的注册学生数为制度的工具变量，并采用2SLS的方法，得到模型(24)~(26)(见表3-10)。由结论可知，在1997—2009年的样本区间内，制度每改善1%，促进物质资本增长0.85%，人力资本增长0.45%，TFP增长1.38%，制度对TFP的促进作用最大，物质资本次之。因此，制度主要是通过影响TFP，继而带动经济增长的，全要素生产率是制度影响经济增长的主要机制。

3.4.5　测度误差

用改革指标和开放指标的均值作制度的替代指标，已经缓解了因指标单一而带来的测度误差，但仍然不可避免地存在测度误差，为了了解测度误差的大小，本书借鉴Hall和Jones(1999)的思想，在假设不存在联立性偏差的情况下，可以通过公式(3.12)得到制度的真实值和测度值之间的相关系数。

$$\text{plim}\left(\frac{\hat{\beta}_{\text{OLS}}}{\hat{\beta}_{\text{IV}}}\right)^{\frac{1}{2}} = r \tag{3.12}$$

其中，$\hat{\beta}_{\text{OLS}}$，$\hat{\beta}_{\text{IV}}$ 分别为使用普通最小二乘法(模型(1))和工具变量法(模型(3))得到的制度效应的系数，r 表示制度的真实值和测度值的相关系数，经计算知，$r = 0.9069$，这显示制度的真实值和测度值的相关度达到了 90.69%，高度相关，即本书构造的制度指标是制度很好的替代。

3.5 本章小结

本章旨在从省域制度质量的视角，进行中国经济增长的动能研究。

第一，本章借鉴 Hsieh 和 Klnow(2010)的思路进行发展水平核算，将人均产出分解成物质资本、人力资本、全要素生产率三大因素，利用 1978—2014 年的省际数据，探讨经济增长的主要动力。实证结果显示，全要素生产率对地区经济差异的贡献为 60%~70%，而物质资本的贡献为 20%~30%，人力资本的贡献为 10%左右，经 Hall 和 Jones(1999)的方法进行检验发现，上述结论稳健。因此，全要素生产率是地区人均产出差异的主要原因，也是影响中国经济增长最主要的直接动力。

第二，本章使用简单平均法，借鉴多维测度的思想，从“改革”和“开放”两个维度构造新的制度指标，并讨论制度质量与经济增长的关系。实证研究发现，省域制度质量的提升，才是中国经济奇迹发生的根本动力，制度每改善 1%，促进经济增长 2.81%，通过控制制度的内生性，以及进行一系列稳健性检验后发现，上述结论稳健。同时，通过测度误差检验发现，新的制度指标与制度的真实值的相关度达到 90.69%，因此，本章构建的新的制度指标是制度很好的替代。

第三，本章对制度影响中国经济的三种机制——物质资本、人力资本、全要素生产率进行分析。实证发现，制度质量每改善 1%，促进 TFP 平均增长 1.38%，物质资本增长 0.85%，人力资本增长 0.45%，制度主要通过促进全要素生产率，继而促进经济增长，因此，全要素生产率是制度促进经济增长的主要机制。

本章研究成果提供如下政策启示：第一，深化制度改革，提升制度质量；第二，重新审视经济发展模式，实现新旧动能转换；第三，东部地区要进一步深化改革开放，扭转区域政策对经济发展的掣肘，加大东部地区制度建设经验向中部地区的推广力度，持续提升我国中西部地区的制度质量，释放制度红利。

第 4 章　省域制度质量、天赋配置与中国经济增长

4.1　问题的提出

从1978年改革开放以来，中国取得一系列世人瞩目的成就。据《中国统计年鉴2017》，2016年中国的国内生产总值为74.4万亿元，比1978年的0.36万亿元增长了204倍，成为世界第二大经济体；2016年中国的进出口额为36643亿美元，是1978年206亿美元的178倍，晋升为世界第一大贸易国；外汇储备从1978年的1.67万亿美元增加到2016年的30105亿美元，增长18026倍；财政收入从1978年的1132亿元增长到2016年的159552亿元，增长了141倍；粮食产量从1978年的3.04亿吨增长到2016年的6.16亿吨，彻底解决了中国人的温饱问题。中国发展如此强劲，其增长动力是什么？物质资本、人力资本和全要素生产率能够部分地解释中国经济的高速增长(Young，2000；蔡昉，2013；沈坤荣和滕永乐，2013；王士红，2017)。但天赋作为继土地、劳动和资本之后的第四类生产要素，对经济发展的影响却长期被忽视。Landes(1969)观察到天赋配置的不同导致各国经济表现各异，他认为天赋的优化配置可以激励劳动者的进取心和创造性，提高全要素生产率，继而促进经济增长，因此，天赋配置是经济增长的重要原因。那么，天赋配置会是中国经济快速发展的动力吗？

通过劳动力分布的特征化事实分析可知(见图4-1)，改革开放以来，中国劳动力分布发生巨大变化。劳动力从20世纪80年代开始，从落后的农村部门开始逐步配置到先进的城市部门，从20世纪90年代开始，从效率低下的国有企业部门配置到效率较高的私营部门和个体部门。

1978年，随着家庭联产承包制的实行，农民获得土地经营权和生产自主权，这极大地激发了农民的劳动热情和进取精神，通过辛勤劳动脱贫致富。1984年10月，《国务院关于农民进入集镇落户问题的通知》颁布，随后一系列

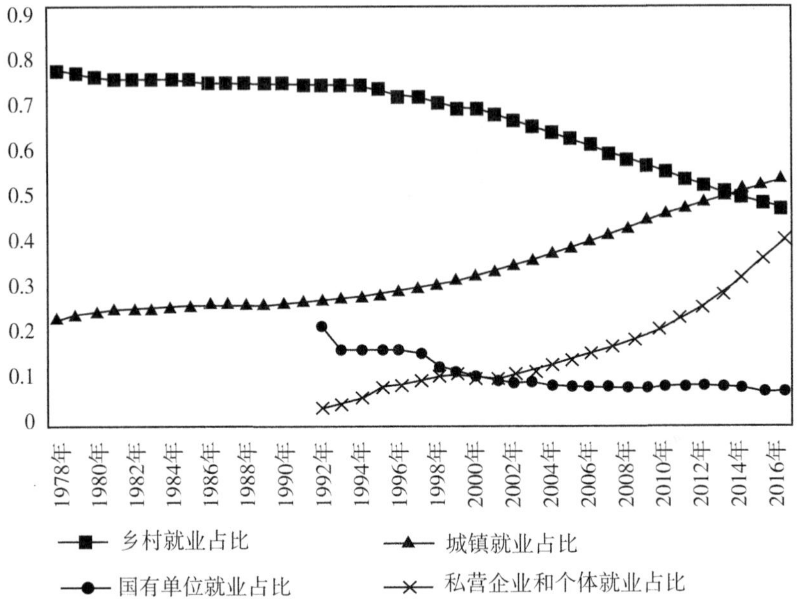

图4-1　劳动力分布的特征化事实

户籍管理制度改革开始推进，农村劳动力难以流动的体制性障碍逐渐被扫除，于是，一部分不满足于农村生活的劳动者开始向公共服务水平更高的城市流动。据统计，农村就业人数从最高的1995年的4.9亿人下降到2016年的3.6亿人，农村就业占比从1978年的76%下降到2016年的46%，而城市就业人数则从1978年的0.96亿人上升到2016年的4.1亿人，城市就业占比从1978年的23.6%提升到54%。劳动力从农村向城市流动，他们获得了更多元的职业发展和更高的劳动收益，实现个人价值最大化。

同时，另一部分具有企业家精神的农民做起“副业”，成为个体户，甚至开办乡镇企业，成为农民企业家，乡镇企业的蓬勃发展，成为中国经济的重要组成部分，乡镇企业吸纳农村劳动力从1978年的2827万人增加到2001年的12733万人，成为农民就业的主渠道(Zhang，2010)。

改革开放以后，个体经济和私营经济的体制束缚虽然在逐渐松绑，但其经济贡献极其微弱，1986年城镇私营工业产值仅占全国工业总产值的0.3%。1982年和1988年，个体经济和私营经济分别被《宪法》承认，获得合法地位，这极大地激励具有企业家精神的个人，从国有企业、行政机关、事业单位中辞职创业，参与经济建设，劳动力实现从国有部门向私营部门和个体部门的流动，并大获成功，促进中国经济的巨大发展。1978 年，中国个体经济共 14 万户、15 万人，到 2016 年已经发展到 5930 万户、12862 万人，而私营经济从无到有，到 2016 年发展到 2309 万户、12083 万人,①，个体经济和私营经济最终成长为我国经济发展的重要形式，到 2016 年 6 月底，中国私营企业数量占内资企业数量的比重首次超过 90%②，私营企业的营业收入总额占全国企业营业收入超过 70%。

通过以上分析发现，1978 年以后，随着一系列改革的顺利进行，中国制度质量大幅提升，实现了劳动力在不同部门流转和优化配置，这极大地激励了具有企业家精神的劳动者，激发了他们的生产积极性和创造性，促进了人尽其才，物尽其用，提高了全要素生产率，继而促进中国经济高速增长。韩其恒(2016)认为，这种以劳动力及其优化配置为特征的天赋配置，主导了中国经济发展的全过程，成为中国经济增长的重要源泉。

但与此同时，天赋配置与中国经济增长的研究却长期被忽视。因此，本章试图在现有制度环境下，讨论天赋配置与中国经济增长的关系。本章通过实证研究发现，天赋的非生产性配置显著地抑制经济增长，其抑制效应随时间增强，生产性配置显著地促进经济增长，其促进效应随时间减弱。通过中介效应分析发现，制度质量的提升，增强生产性配置的促进效应，弱化非生产性配置的抑制效应，最终提高全要素生产率，促进经济增长。

4.2 研究现状与理论假设

中国经济高速增长是多种动能共振的结果，但天赋配置在经济增长的作用却没有受到足够的重视，本节回顾天赋配置理论的发展历程及其与经济增长的关系，并提出理论假设。

4.2.1 天赋的定义

Williams (2009)认为天赋就是天分，是成长之前就已经具备的成长特性。它表现为在某些领域上具备天生擅长的能力，从而使其在同样经验，甚至没有经验的情况下，可以用高于其他人的速度成长起来，而且具有唯一性和特殊

① 数据来自《中国统计年鉴》。

② 数据来自原国家工商行政管理总局《2016 年全国市场主体发展情况说明》。

性。如果这个人具有的成长潜力和可能性已经在他的人生中表现出来的话，那么他就具备了该方面的天赋。Cheese 等(2008)认为天赋是指一个人才能、技巧、知识、经历、判断、态度、性格以及学习和成长的能力的总和。Rodríguez (2001)则狭义地认为天赋是指在特定领域或组织中，获取优异成绩的专业能力和执行能力。Stahl 等(2012)也持有类似观点，他认为具有天赋的人是指那些在能力和绩效方面排名靠前的员工，而不是整个员工。与此相反，Silzer 和 Dowell (2009)认为某种情境下，天赋指所有员工。Lewis 和 Heckman(2006)也认为天赋是对"人"的委婉的说法，并认为每个人都均有一定的天赋。Ulrich 和 Smallwood(2012)给出了更全面的解释，认为天赋=能力(知识、技巧和价值观)×执行(愿意做的工作)×贡献(找到工作的意义和目的)。张广辉(2017)认为天赋就是附着在劳动力上的人力资本，在不同的国家，人力资本水平高的劳动力有不同的职业选择，他们的不同选择对一国经济增长造成不同的影响。Murphy(1991)认为天赋是能力的基础，并构成能力的一部分。他认为，劳动者选择一种职业，以便使其能力的回报最大化。有能力的人，会选择能力报酬递增的职业，因为报酬递增让"超级巨星"因其天赋获取超乎寻常的回报。天赋高的劳动力拥有较大的比较优势，同时获取更多的回报。Grossman(1994)认为劳动力的能力各不一样，其可能来自后天的鼓励性培养和高质量的教育，也来自天生具有的超凡的天赋和健康的体魄。同时，他强调，天赋具有一般性，并不是职业特有的，因此，天赋的配置不仅仅由天赋的比较优势决定，而且由不同行业间绝对优势的回报决定。

随着人们对天赋的认识不断加深，天赋配置的内容从狭义走向广义，人们从天赋的数量研究发展到质量研究，并且关注其对经济增长的影响。同时，随着新制度经济学的兴起，本书也关注制度、天赋配置与经济增长的关系。

4.2.2　狭义的天赋配置与经济增长

狭义的天赋配置，指天赋仅配置到生产性活动，创造财富。于是，天赋作为第四种生产要素，成为长期经济增长的重要源泉。

Smith(1776)在《国富论》中首次提及"有用劳动"的概念，他认为有用劳动是劳动者一切生活必需品和便利品的源泉，有劳动能力的人或多或少都会从事有用劳动，以期获取各种生活必需品和便利品供给他自己或家族内因老幼病弱而不能劳作的人。"有用劳动"作为"天赋配置"最原始的表达形式被引入了经济学领域。萨伊在 1857 年，首先对"天赋"的含义进行了详细的论述，他强调，有"天赋"的人可以将经济资源从生产率较低和产量较小的领域，转移到生产率较高和产量较大的领域，从而创造价值，“天赋”作为一种生产要素被投入生产中，扮演着“生产性配置”的角色。

虽然人们普遍认识到天赋配置对经济发展的重要性，但是对两者之间的规范研究则远远落后。直到 Schumpeter(1934，1942)关于“创新是企业家典型特征，是经济发展的重要力量”等观点的提出，引发了一系列关于天赋的内生增长理论研究。Romer(1990)将技术进步内生化，并提出一个竞争性均衡长期增长模型，通过模型的研究发现，长期经济增长主要由富有远见、将收益最大化的企业家通过知识积累来推动的。Grossman 和 Helpman(1991)发展了一个质量竞争、两国产品周期模型，探讨南北方通过模仿、创新和贸易决定经济增长的理论框架。Aghion 和 Howitt(1992)则提出质量阶梯模型，进一步解释创新与经济增长的关系。Segerstrom(1998)结合创造性破坏思想和产品生命周期假说，探讨了技术转移、创新和国际贸易的关系。从总体来看，大多数研究认为，天赋配置对国家经济的长期持续增长至关重要。

从天赋的角度，Schmitz (1989)构建了一个将天赋内生化的增长模型，此模型强调天赋配置在促进经济增长中的作用。针对此模型仅讨论封闭经济的情形，庄子银(2003)发展了在南北贸易框架下的内生增长模型，强调天赋配置越多，越能促进经济发展，并指出影响天赋配置以及活动范围的制度环境最终影响一国的经济发展。

在实证研究方面，Reynolds 等(1999)认为跨国经济增长差异的 1/3 可以由生产性配置的异同来说明。Zacharakis 等(2000) 在研究了 16 个发达国家之后，发现生产性配置能解释这些国家在经济增长速度异同的一半。Henderson (2002)通过研究发现，通过建立厂商、扩大就业机会、增加当地税收和增加财富等方式，企业家可以显著影响当地经济水平，并将当地经济与更大的全球经济体连接在一起。Noorderhaven 和 Beugelsdijk (2004) 使用欧洲 54 个地区的数据，以自我雇用率(self-employment rate)作为天赋配置的代理指标进行研究发现，导致这些地区经济增长差异的一个重要因素是天赋配置。Glaear(2007)通过研究美国城市级数据发现，天赋配置可以部分解释美国城市经济发展的差异。同时他还发现，用 1970 年美国城市具有的天赋配置(自我雇用率)水平可以预测该城市未来 30 年的收入和人口增长。这些研究都证实，天赋的生产性配置是经济增长的主要来源。

4.2.3 广义的天赋配置与经济增长

在理论研究方面，Murphy 等(1991)从人力资本配置的角度出发，构建天赋配置与经济增长的理论分析模型，论证天赋的不同配置对经济增长的影响。在模型设定中，Acemoglu(1995)构造了天赋的生产性配置和非生产性配置的一般均衡模型，研究显示激励结构影响天赋配置，而影响激励结构的是寻租数量，更多寻租会减少天赋从事生产性活动的相对回报，使得寻租更有吸引力。Murphy 等(1993)从寻租的视角，研究天赋的非生产性配置与经济增长的关系，研究发现，寻租具有报酬递增的性质，政府官员的公开寻租更可能抑制创新。Mehlum 等(2003)从破坏性活动的角度研究天赋的非生产性配置与经济增长的关系，研究发现，在产权保护不力的情况下，低速增长的国家拥有更多的掠夺性活动，如果法律执行加强，新增企业流动数量增多，能显著减少掠夺收益，跳出低水平发展陷阱。Sanders 和 Weitzle(2010)在跨期动态博弈的框架内分析天赋在生产性活动和非生产性活动的配置均衡问题，研究结论显示制度质量的差异导致两种均衡的出现，一种是更多的人选择成为生产性的创新企业家，另一种是成为破坏性的掠夺者。

在国内，庄子银(2007)在内生增长模型基础上引入天赋配置因素，研究发现，天赋的配置决定了国家的创新水平、研发投入水平和经济增长率，同时他还强调，不同经济活动的报酬结构决定天赋配置结构。在 Acemoglu(1998)静态均衡模型和 Halvor(2006)的寻租模型的基础上，黄国华(2012)通过展开建模分析发现，生产性利润随着全社会生产性天赋的增加而增加。陈艳莹等(2012)通过构建一个具有规模报酬递增性质的天赋配置模型发现，天赋从低回报的生产部门配置到高回报的寻租部门，这种扭曲降低经济增长率，产生“资源诅咒”现象。在理论研究方面，做出开拓性研究的是 Acemoglu(1995)，他构造了一个天赋在生产性活动和非生产性活动中进行配置的静态均衡模型，由模型分析可知，激励结构影响天赋的配置，激励结构是内生的，而影响激励结构的是寻租的数量，更多的寻租会减少天赋从事生产性活动的相对回报，使得寻租更有吸引力，因此，政府政策可以通过影响相对报酬结构，进而影响天赋的配置。

在实证研究方面，最早实证研究天赋配置与经济增长的是 Magee(1988)等，他们运用 35 个国家律师数量的数据，研究职业选择与企业家活动和寻租活动的关系，其研究结论认为，律师较多的国家经济增长较慢。

Murphy 等(1991)采用联合国教科文组织收集的 91 个不同国家不同专业的大学生入学数据，研究天赋配置与经济增长的关系。他们将法律专业大学生的入学比例作为天赋配置到寻租部门的替代指标，把工程专业大学生的入学比例作为天赋配置到生产性部门的替代指标，研究发现天赋的生产性配置促进经济增长，而天赋的非生产性配置抑制经济增长。李晓敏(2016)使用1997—2012年中国29个省的面板数据，研究天赋配置与中国经济增长的关系。研究发现，天赋的生产性配置显著地促进中国经济增长，个体就业比例每增长1%，促进经济增长1.511%；非生产性配置显著地抑制中国的经济增长，国有就业比例每增长1%，经济增长率降低0.418%。同时，Sobel(2008)、Nystrom(2008)、Strenze(2013)等通过不同的方法，研究天赋配置与经济增长的关系。

4.2.4 从数量研究到质量研究

现有文献对天赋配置与经济增长的关系研究日臻完善，但是大多强调天赋的数量配置对经济增长的影响(张光，2008；桂林等，2012)，而忽略了天赋的质量配置与经济增长的影响。李世刚(2017)在假设人力资本水平给定的条件下，建立理论模型来分析人力资本在政府和企业间的配置结构对经济增长的影响机制。理论研究发现，人力资本在政府和企业间存在一个最优的配置比例，偏离这一最优比例，配置到政府部门的人力资本越多，经济增长率将越低。李世刚还使用2005年全国1%人口抽样调查数据，通过实证研究证实这一观点。赖德胜和纪雯雯(2015)借鉴生产、保护与分利模型，构建市场、政府、垄断三部门的人力资本的配置模型，研究天赋的质量配置对创新的影响。结果显示，市场部门的人力资本显著地促进创新，垄断部门和政府部门的人力资本不同程度地抑制创新。其影响机制是，相对报酬结构差异引致人力资本错配，继而影响创新规模及效率差异。Hsieh等(2013)通过改进的Roy模型研究职业分布的收敛对生产率的影响，他们利用美国1960—2010年的职业分布数据研究发现，在1960—2008年，美国经济增长的15%~20%可以由天赋配置的改进来解释。

4.2.5 制度质量、天赋配置和经济增长

当制度保护产权，限制政府通过税收和规章制度进行财富转移支付的能力，促进履行合同约束，促进建立公平公正的司法体系时，制度将有利于生产性活动。在此激励机制下，更多的生产性天赋通过市场创造新财富，促进经济发展，反之亦然。制度和天赋配置都是经济增长的源泉，制度也可通过影响天赋配置，影响经济增长。鲍莫尔将天赋与经济增长、制度与经济增长两套理论结合起来，深化了对天赋的理解。此后，大量理论文献开始关注制度质量、天赋配置和经济发展的关系。

4.2.5.1　模型建立与理论研究

在理论研究方面，Acemoglu(1995)、Mehlum(2003)等分别构造出理论模型，试图说明天赋是中性的，既可以进行生产性配置也可以进行非生产性配置，其配置方向取决于两种活动的相对报酬或激励结构。同时，研究提及激励结构内生于社会制度，精神激励、社会风俗等非现金激励也影响社会的激励结构。李晓敏(2011)继承并扩展了鲍莫尔关于天赋配置的思想，在微观分析框架下，分析企业家寻利活动的供求及其市场均衡的实现。研究结论显示，企业家寻利活动的多寡取决于天赋配置和制度环境，在短期内只能通过制度质量提高改善相对报酬结构来实现，在长期内，通过改善天赋配置来增加寻利活动，减少寻租活动。魏下海等(2015)通过建立的模型研究显示，营商环境影响天赋配置，营商环境越好，天赋的生产性配置越多，营商环境越差，天赋的生产性配置越少。天赋的生产性配置与制度质量呈非线性关系。当制度环境较差时，非生产性配置随制度质量改善而减少；当制度质量越高时，企业家生产活动配置随制度质量改善而增加。通过实证研究发现，营商环境越好，企业家非生产活动时间越少，经济活动时间越长，营商环境差的情况结论相反。唐国华(2012)在静态一般均衡模型(Acemoglu，1995)的基础上，建立制度、天赋配置与经济增长的模型。研究发现，制度质量越高，天赋的生产性配置的比例越大，天赋的寻租性配置受到抑制，生产性利润增加，经济增长速度越快。制度质量决定经济增长速度，制度质量也决定天赋的生产性配置和非生产性配置的分布。在实证研究部分，文章基于 2001—2010 年的省际面板数据研究显示，天赋的生产性配置每增加 1%，促进经济增长 0.11%，天赋的非生产性配置增加 1%，抑制经济增长下降 1.59%。天赋配置对经济增长的影响存在显著的区域差异性，在东部和中部地区，天赋的生产性配置对于经济增长的促进作用，以及天赋的非生产性配置对经济增长的抑制作用，都较为显著，而在西部地区影响较弱。

4.2.5.2　国外实证研究

在跨国的实证研究方面，Christian 和 Foss(2006)以 29 个国家的数据为样本，研究制度质量和天赋配置的关系。制度变量的替代指标是经济自由度指数，天赋的生产性配置指标是使用各国成人创业数据，其中经济自由度数据由美国遗产基金会制定，各国成人创业数据由全球创业观察制定。实证研究结果显示，货币政策的持续性与天赋的生产性配置正相关，而政府规模与天赋的生产性配置负相关。Bowen 和 Clercq(2007)使用 40 个国家在 2002—2004 年的面板数据，检验制度质量与天赋配置的关系。研究发现，以创业活动为代表的天赋的生产性配置，与创业问题的关注度正相关，与金融开放度正相关，与腐败水平负相关。Sobel(2008)使用 2002—2007 年美国 48 个州的数据分析制度质量与经济增长的关系。研究将人均专利数量、独资企业增长率、人均风险资本投资、新注册企业增长率、新注册的大型企业增长率作为生产性天赋配置的替代变量，将各州首府的政治和游说组织数量作为非生产性天赋配置的替代变量，以经济自由度作为制度质量的替代变量，通过实证研究发现，制度质量与天赋生产性的配置存在正相关关系，与天赋的非生产性配置存在负相关关系，首次证实好的制度促进生产性的天赋配置，进而能够保持较高的经济增长率。李晓敏(2016)利用 93 个国家的数据再次证实了 Baumol 的理论，研究结果显示，制度质量的提升抑制天赋配置到非生产性活动，促进天赋配置到生产性活动。天赋配置的方向和企业家努力取决于利润机会的识别，天赋投入的职业和领域取决于该行业或领域的相对报酬。

4.2.5.3 国内实证研究

在国内的实证研究方面，李新春等(2006)从激励机制设计与公司治理安排等微观制度角度，探讨制度与天赋配置的关系，并通过 A 股上市家族企业和国有企业的数据进行实证检验，对制度设计激励企业家从事生产性活动的机制进行研究。万华林和陈信元(2010)使用我国 A 股上市公司 2001—2004 年的数据，研究治理环境与天赋的非生产性配置的关系。研究将政府干预、法律保护、政府服务三个变量作为治理环境的替代变量，将企业管理费用作为天赋的非生产性配置的替代变量，研究发现，治理环境显著增加非生产性支出，改善政府服务、加强法律保护、减少政府干预均有利于减少企业非生产性支出。罗党论和唐清泉(2009)从企业家的政治关联视角，使用民营上市公司 2002—2005 年的数据为样本，研究制度环境对民营上市公司企业家政治参与的影响。研究发现，当地方产权保护越差、政府干预越大以及金融发展水平越落后的时候，民营上市公司企业家对政治关联具有更强烈的动机。其原因在于，政治关联是对市场不完善下的替代保护机制，由转型期民营企业自发形成。余明桂等(2010)使用我国民营上市公司的数据，研究政治关联与财政补贴的关系。研究表明，相对于无政治关联的民营企业，政治关联民营企业获得财政补贴更多；而且制度环境越差，寻租行为越盛行，政治关联的补贴效应越强。李晓敏

(2011)使用跨国数据研究制度与天赋配置的关系，研究以各国贫困推动型创业作为非生产性企业家活动的代理变量，以各国企业对研究投入的重视程度、每百万人口拥有专利数和机会拉动型创业作为生产性企业家活动的代理变量，以经济自由度指数作为各国的制度质量，在控制了男女性别比、年龄中值和人力资本等人口因素，以及以人均 GDP 衡量的经济发展因素后，发现制度对生产性天赋配置和非生产性天赋配置有显著影响，而人口变量对生产性天赋配置和非生产性天赋配置均无显著影响。

蔡地和万迪昉(2012)利用世界银行 2005 年对我国 120 个城市 12400 家工业企业的调查数据，分析了企业所处地区的制度环境对当地企业研发活动的影响，结果发现：所处地区政府干预水平越低、产权保护水平越高、金融发展水平越高，企业越倾向于进行研发活动并提高研发投入强度。李雪灵等(2012)基于世界银行的跨国数据研究制度环境对企业家行为和努力方向的影响，实证研究结果显示，正式与非正式制度均对寻租活动有显著影响，且非正式制度影响显著性更强。具体而言，法律和金融环境越不完善，寻租活动表现越猖獗，因此，抑制寻租活动不仅需要短期内正式制度的建设和完善，更需要非正式制度中文化与价值观的长期培育和改进。

综合以上分析，本章提出以下假设：

假设 1a：天赋的生产性配置显著地促进经济增长，其促进效应随时间减弱；

假设 1b：天赋的非生产性配置显著地抑制经济增长，其抑制效应随时间增强；

假设 2a：制度质量的提高，增强生产性配置对经济增长的促进效应。

假设 2b：制度质量的提高，弱化非生产性配置对经济增长的抑制效应。

4.3 模型建立和数据说明

4.3.1 模型的建立

本章研究的问题是天赋配置与经济增长的关系，遵循李世刚和尹恒(2017)的思路，在增长回归框架下，利用中国省级面板数据进行实证分析，实证模型设定如下：

$$\ln y_{it} = \beta_0 + \beta_1 f_{it} + \beta_2 Z_{it} + \eta_i + \tau_t + \varepsilon_{it} \tag{4.1}$$

其中，i表示省份，t表示年份，$\ln y_{it}$ 表示人均实际产出 y_{it} 的对数值，f_{it} 是本书的核心解释变量——天赋的配置，包括天赋的生产性配置(pro)、非生产性配置(unp)。控制变量 Z 包括技术进步(a)、人力资本(edu)，基础设施条件(inf)，经济开放度(tra)，固定资产投资(cap)，政府规模(exp)，η_i 和 τ_t 分别表示省际和年份的固定效应，ε_{it} 为干扰项，假设服从均值为0，方差有限的正态分布。

4.3.2 数据收集与处理

4.3.2.1 天赋的配置

现有的研究根据研究目的和数据来源的不同，对生产性配置和非生产性配置替代指标的使用有所不同。Murphy 等(1991)使用工程专业大学生入学比例，以及法律专业大学生入学比例作为天赋的生产性配置和非生产性配置的替代指标；Sobel(2008)将人均风险资本投资、自我雇佣行为的增长率(独资企业增长率)、新企业成立增长率、大型企业增长率(500 及以上雇员)作为生产性配置的替代变量，使用每个州政治和游说组织的数量以及哈里斯司法指标作为非生产性配置的替代变量。在国内研究中，李晓敏(2016)用个体就业占比和国有单位就业占比作为生产性配置和非生产性配置的替代变量。赖德胜(2015)用公共管理和社会组织部门的就业比例替代非生产性配置，用私营、个体、外资、股份制企业的就业比例作为生产性配置的替代变量。魏下海(2015)使用企业里进行日常经营、管理工作的时间和外出联系生意、开会、公关、招待的时间作为生产性配置和非生产性配置的替代变量。

寻租理论认为，从事个体工商经营的个体就业人员，直接为社会提供各类商品和服务，有助于增加社会总产品、提高社会福利，是典型的生产性活动。同时，私营企业是以雇佣劳动为基础的营利性经济组织，是个体经济发展的必然结果，在本质上与个体经济一样。因此，本书借鉴唐国华(2012)的做法，采用私营企业和个体企业的就业占就业总人数的比重，作为天赋的生产性配置的替代变量。

奥尔森(1993)指出，像行会、工会、卡特尔以及议会院外活动集团等这样一些分利集团(寻租集团)会阻碍经济增长，主要是因为这些特殊利益集团具有排他性，它们阻碍了技术进步、资源的流动与合理配置；它们降低了生产经营活动的报酬，提高了利用法律、政治与官僚主义进行讨价还价等活动的报酬；它们提高了社会交易成本而降低了社会经济效益。更让人信服的是，奥尔森通过经济史资料和现实数据表明，分利集团的数目及其成立的时间同经济增长具有统计学意义上的显著的负相关关系。奥尔森(2005)还认为，在许多转型社会中，许多大型国有企业是非经济的，是转型国家的分利集团，它们组织起来进行集体行动，去分利而不是从事创新和技术进步，“这些转型经济体遗留的分利集团成功的集体行动是俄罗斯等国转型后并没有出现经济持续增长的原因”。因此，国有企业员工的规模可能与寻租活动规模有某种正相关关系。因此，本章借鉴李晓敏和卢现祥(2010)的做法，用国有单位就业人数占总就业人口的比重作为非生产性配置的替代变量。

其中，国有单位就业人数、私营单位就业人数、个体单位就业人数和公务员就业人数均来自《中国统计年鉴》。其中，本章以公共管理、社会保障、社会组织部门的就业人数作为公务员就业人数的替代变量。但由于公共管理、社会保障、社会组织部门的统计口径一直在逐步完善，其名称一直在变化，1992—2002 年称为国家机关、政党机关、社会团体；2003—2011 年称为公共管理、社会组织；2012 年至今被称为公共管理、社会保障、社会组织。

由于我国从 20 世纪 90 年代初才开始出现私营经济，同时，各省份私营企业就业人数从 1992 年才开始统计，所以，本章样本区间的起始年份为 1992 年。值得注意的是，1990—2000 年的数据由劳动力调查、人口普查推算，2001 年以后的数据根据第六次人口普查数据重新修订，这两次修订对数据质量的影响很大，因此，本章的样本最终分为 1992—2000 年以及 2001—2014 年两个阶段。

4.3.2.2　技术进步

Ljungwall(2015)和 Beaudreau(2015)以研发支出作为技术进步的代理变量，吴延兵(2006)以新产品销售总额作为技术进步的测度指标，本章借鉴蔡跃洲和付一夫(2017)的思想，采用每万人拥有申请授权量的对数值作为技术进步的替代变量，其中各省份历年的专利申请授权量数据来自《中国科技统计年鉴》。

4.3.2.3　实际产出

各省份各年实际产出的计算公式如下：

$$Y_{i,t} = Y_{i,0} \times P_{i,t} \tag{4.2}$$

$Y_{i,0}$ 是第 i 省份在基期的名义生产总值，$P_{i,t}$ 是第 i 省份第 t 年的国内生产总值平减指数(以基期为 1)。为了准确、全面的测度各因素对经济增长的实际影响，本章以中国最早的统计数据记录年份——1952 年为基期。其中，1952 年各省份名义国内生产总值以及 1952—2008 年的国内生产总值平减指数数据来自《新中国六十年统计资料汇编》，2008 年以后的数据来自《中国统计年鉴》。

4.3.2.4 人力资本

Mulligan 和 Sala-I-Martin(1994)提出基于劳动报酬的人力资本测算方法，此后学者们使用不同方法对人力资本进行测度(张帆，2000)。本章借鉴 Barro 和 Lee(2010)的方法，将人力资本用平均受教育年限的对数值进行替代。

关于平均受教育年限，计算公式如下：

$$S = \sum_j I_j \mathrm{Dur}_j \tag{4.3}$$

j 为学历等级(小学，初中、高中、大学)，I_j 指第 j 种学历的人口占 6 岁以上人口的比例，Dur_j 为第 j 种学历持续的时间，小学为 6 年，初中为 9 年，高中为 12 年，大学为 16 年。1993 年、1995—2014 年的数据来源于《中国统计年鉴》，各省在 1992 年和 1994 年的数据缺失，利用各省时间序列数据，通过逐步平均法进行填充。重庆在 1992—1996 年缺失的数据，用四川省的数据补齐。

4.3.2.5 基础设施条件

王贤彬等(2014)认为，包括交通在内的基础设施是一种社会先行资本，必须优先发展，它是实现经济起飞的前提条件。同时，基础设施具有网络属性，它将各个区域的经济活动连成一个整体，通过扩散效应，使经济增长较快区域带动增长较慢区域的经济发展。本章根据张学良(2012)思路，用各省份历年的人均公路里程和铁路里程作为基础设施条件的替代变量。公路里程和铁路里程的数据来自《中国统计年鉴》。

4.3.2.6 投资

固定资产投资是 GDP 的重要组成部分，是拉动经济增长的“三驾马车”之一，同时通过投资的乘数效应，引致企业投资扩大，继而增大需求，对经济产生拉动作用。同时，它还可以提供更多的就业岗位，吸纳闲散劳动力(赵静和郝颖，2013）。本章借鉴杨长汉(2017)的思路，用各省份全社会固定资本投资占 GDP 的比重作为投资的替代变量。固定资本投资额数据来自《中国统计年鉴》。

4.3.2.7　政府规模

刘生龙和龚锋(2017)基于一个动态优化模型，理论分析结果显示，当政府规模小于政府支出的产出弹性时，扩大政府规模有助于促进经济增长，反之则不利于经济增长。李村璞等(2010)通过研究跨国数据发现，较大的政府规模可以降低欠发达国家的“依赖性”，促进经济增长。Miller 和 Russek(1997)利用 39 个国家 1975—1984 年的数据回归，发现通过财政支出能刺激经济增长，这表明政府规模具有正的增长效应。本章借鉴刘生龙和龚锋(2017)的思路，用财政支出占 GDP 的比值作为政府规模的替代变量。财政支出数据来自《中国财政统计年鉴》。

4.3.2.8　制度

对制度最理想的测度应该是可以量化生产性行为的私人收益和社会收益之间的差距，一个好的制度应该使两者的收益保持一致，但在实际研究中很难找到完美的制度变量，因此，我们必须寻找制度的替代指标。Hall 和 Jones(1999)将制度质量定义为反腐败指数和贸易开放指数的均值，试图通过多维测度的思想，准确测度制度质量，这为本章定义制度质量提供了思路。根据中国制度变迁的进程可知，我国目前的社会主义市场经济制度始于 1978 年党的十一届三中全会所确定的改革开放路线，在对内改革和对外开放双重制度利好的激励下，中国经济起飞，经济奇迹得以发生并延续至今，因此，本章从改革和开放两个维度来测度制度指标。

(1)改革指标。改革指标是对从计划经济向市场经济转型的制度质量的测度。改革开放以来，我国改革性制度建设取得巨大成就：农村领域率先实现从人民公社的计划生产体制向家庭联产承包责任制的转变；工商业领域从统产统销的计划经济体制向以价格双轨制为代表的过渡性市场化制度转变，再逐步向市场在资源配置中起决定性作用的市场经济体制转变；行政领域则形成了能够赋予地方政府经济激励的地方分权以及财税分权的机制。本章借鉴邓路等(2014)的做法，选用市场化指数(樊纲等，2011，2016)来测度改革指标。《中国市场化指数：各地区市场化相对进程 2011 年报告》，详细记录了 1997—

2009年的市场化指数，且数据间具有年度可对比性，《中国分省份市场化指数报告(2016)》详细记录了2008—2014年的市场化指数，其数据间也具有年度可比性，但1997—2009年和2008—2014年两段数据分别以1997年和2008年为基期，因此，两段数据之间没有可比性。为了充分利用两段市场化指标，同时考虑到2008年后经济环境发生了重大变化，本章选取市场化指数的样本区间为1997—2007年和2008—2014年。

(2)开放指标。开放指标是对从封闭经济向开放经济转型的制度质量的测度。改革开放以来，我国开放性制度建设不断取得新的成果：在区域性开放制度建设方面，先后建立了以深圳、珠海、汕头、厦门为代表的经济特区制度；以大连、青岛、烟台、福州等为代表的沿海开放城市制度；以长江三角洲、珠江三角洲和闽南三角洲为代表的沿海经济开发区制度；以合肥、南昌、长沙等为代表的内陆开放城市制度；以黑河、珲春、凭祥等为代表的沿边开放城市制度，形成了经济特区——沿海开放城市——沿海经济开放区——内地这样一个逐步推进式的格局。2001年中国加入世界贸易组织，中国全方位参与到国际贸易规则制定。“一带一路”倡议的提出与实施是中国对外开放制度的深入发展。

小岛清最早提出用外贸依存度来测度一国贸易开放指标，并沿用至今，但该方法指标单一，无法全面评价开放性。本章采用了邹薇(2014)中关于开放指标的构造思路，将开放指标分为对内开放指标和对外开放指标，全面反映中国省际开放程度，其中，对内开放指标包括区际市场活跃度、货运密度、客运密度、区际分工度、劳动力流动程度、技术依存度、信息流动性、经济虚拟化、政府对经济的干预、法治环境、区际资金依存度等11项指标，对外开放指标包括进口依存度、出口依存度、外商投资进出口占比、入境旅游人数、旅游收入占比、外商投资企业数占比、外商投资额占比、技术市场成交额占比、引进国外技术合同数占比、引进国外技术合同金额占比、版权引进和输出占比、发表SCI、ISTP及EI论文数等12项指标，详见附录1。对于开放指标的测度方法，本书借鉴樊纲和王小鲁(2016)对市场化指数的测度方法——算术平均法。

(3)制度指标。制度指标用开放指标和改革指标的平均值来表示。

(4)各制度指标的描述性统计见表4-1。

表 4-1　　各类制度指标的描述性统计

		平均值	标准差	最小值	最大值	观测数
1997 — 2007	改革指标	0.519	0.203	0	1.092	341
	对内开放指标	0.504	0.536	0	6.960	341
	对外开放指标	0.156	0.229	0.012	1.230	341
	开放指标	0.330	0.359	0.014	4.060	341
	制度	0.424	0.247	0.108	2.545	341
2008 — 2014	改革指标	0.583	0.193	-0.03	1.018	217
	对内开放指标	0.396	0.128	0.195	0.923	217
	对外开放指标	0.122	0.144	0.006	0.779	217
	开放指标	0.259	0.126	0.109	0.720	217
	制度	0.421	0.148	0.099	0.837	217

注：西藏的市场化指数在 1997—1999 年的数据缺失，2000 年的数据为 0，因此，本书将缺失数据用 0 补齐。

如表 4-1 所示，1997—2007 年改革指标均值为 0.519，标准差为 0.203；2008—2014 年改革指标的均值为 0.583，标准差为 0.193，这表明在两个时段内，省域间改革指标的差异正在收敛。值得注意的是，2008—2014 年改革指标的最小值出现了负值，说明在国家整体改革不断深入的进程中，有部分省份的改革在某些年份出现了倒退。

在对外开放指标上，1997—2007 年的变异系数为 1.468(0.229/0.156)，最大值为 1.23。2008—2014 年的变异系数为 1.180(0.144/0.122)，最大值为 0.720。从两个时间段的比较看，省域间的差异不大，并且差距在逐渐缩小。

在对内开放指标上，1997—2007 年的最大值为 6.960，标准差为 0.536，这显示对内开放指标的差异巨大，同时表明传统的对外开放指标的局限性，以及对内开放指标设定的必要性。2008—2014 年的最大值为 0.923，标准差为 0.128，这显示省域差异在迅速缩小。

在开放指标上，1997—2007 年的平均值为 0.330，标准差为 0.359，最大值为 4.060，这说明中国部分地区的开放程度远远大于其他省份，省际开放程度差异巨大。2008—2014 年的最大值为 0.720，标准差为 0.126，这显示开放程度的提高幅度有所减小，省域间开放指标的差距在缩小。通过开放指标、对内开放指标和对外开放指标的分析可知，对内开放指标上的巨大差异，是造成1997—2007年开放指标巨大差异的主要来源。

从制度指标看，1997—2007年的变异系数为0.583(0.247/0.424)，最大值与最小值之比为23.565(2.545/0.108)。2008—2014年的变异系数为0.352(0.148/0.421)，最大值与最小值之比为8.455(0.837/0.099)。从两个时段的比较看，2008—2014年的制度指标的差异显著地小于1997—2007年，这显示制度质量的差异在减少，中国的制度质量在持续改善。

4.4 实证研究

4.4.1 生产性配置和非生产性配置与经济增长的散点图

如图4-2和图4-3所示，天赋的生产性配置与经济增长之间存在正相关关系，而非生产性配置与经济增长之间存在负相关关系。为了更科学严谨地研究天赋配置和经济增长的关系，本书对1992—2000年以及2001—2014年的样本分别进行量化分析。

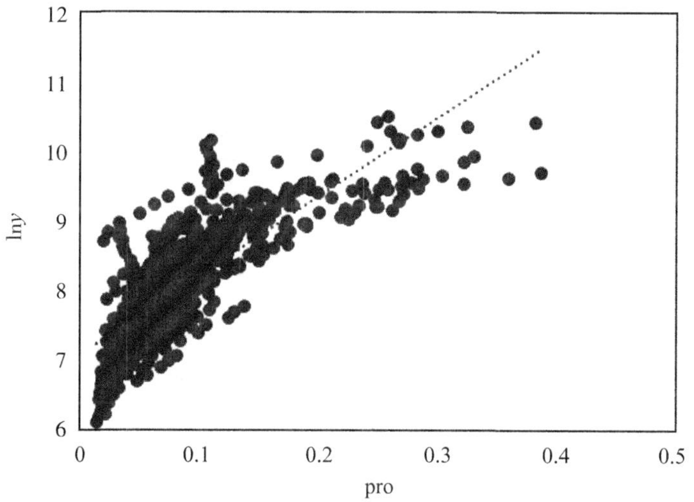

图4-2 生产性配置与经济增长的散点图

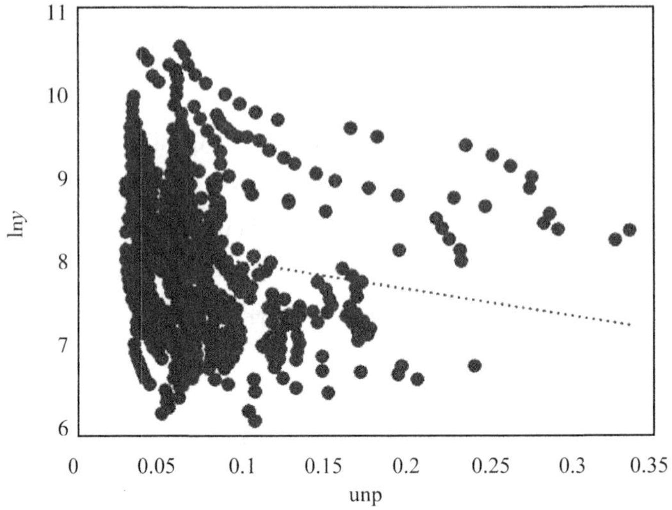

图 4-3　非生产性配置与经济增长的散点图

4.4.2　天赋配置与经济增长

由表 4-2 中模型(1)和模型(5)知，在 1992—2000 年和 2001—2014 年，天赋的非生产性配置均显著地抑制经济增长，通过比较研究发现，天赋的非生产性配置对经济增长的抑制效应在增强。

表 4-2　　天赋的非生产性配置与经济增长的关系

VAR	1992—2000 年				2001—2014 年			
	(1)	(2)	(3)	(4)	(5)	(6)	(7)	(8)
unp	-5.312***	-3.547***	-2.321***	-2.697***	-22.15***	-3.9458	-3.0049	-3.547***
	(0.810)	(0.662)	(0.570)	(0.738)	(6.274)	(2.609)	(1.820)	(0.885)
a		0.2666***	0.0711**	0.0689***		0.4810***	0.2174***	0.1613***
		(0.037)	(0.027)	(0.024)		(0.025)	(0.022)	(0.020)
edu			1.4827***	1.4516***			0.6858**	0.7369**
			(0.147)	(0.174)			(0.281)	(0.275)
inf			0.2664	0.3068			0.1964***	0.1474***
			(0.184)	(0.205)			(0.045)	(0.034)

续表

VAR	1992—2000 年				2001—2014 年			
	(1)	(2)	(3)	(4)	(5)	(6)	(7)	(8)
tra			0.1699***	0.1699***			0.2190***	0.1689***
			(0.030)	(0.032)			(0.027)	(0.022)
cap				0.3944				0.6386***
				(0.248)				(0.101)
exp				−0.6012				−0.0003
				(0.581)				(0.165)
C	7.9507***	8.0931***	5.6396***	5.9421***	9.8099***	8.6012***	6.5709***	6.2609***
	(0.086)	(0.054)	(1.470)	(1.709)	(0.365)	(0.154)	(0.549)	(0.524)
Obs	279	279	248	248	434	434	434	434
R^2	0.3605	0.5065	0.8427	0.8483	0.1685	0.8822	0.9446	0.9606
FE	YES	YES	YES	YES	YES	YES	YES	YES

注：*** 表示通过 1%显著性检验，** 表示通过 5%显著性检验。括号内为系数的稳健标准误。经 Hausman 检验，所有回归均使用固定效应模型。

由表 4-3 中模型(9)和模型(13)知，在 1992—2000 年和 2001—2014 年，天赋的生产性配置均显著地促进经济增长，通过比较研究发现，天赋的生产性配置对经济增长的促进效应在减弱。

表 4-3　　天赋的生产性配置与经济增长的关系

VAR	1992—2000 年				2001—2014 年			
	(9)	(10)	(11)	(12)	(13)	(14)	(15)	(16)
pro	11.4385***	9.4448***	4.0717***	4.0388***	8.4566***	1.3558*	0.8369*	1.3413***
	(0.941)	(0.721)	(0.541)	(0.554)	(0.933)	(0.746)	(0.518)	(0.412)
a		0.2385***	0.1139***	0.1119***		0.4403***	0.1986***	0.1248***
		(0.024)	(0.020)	(0.022)		(0.035)	(0.034)	(0.033)
edu			1.2671***	1.2791***			0.6231**	0.6764***
			(0.161)	(0.174)			(0.274)	(0.240)

续表

VAR	1992—2000年				2001—2014年			
	(9)	(10)	(11)	(12)	(13)	(14)	(15)	(16)
inf			0.2715*	0.2822*			0.2048***	0.1596***
			(0.136)	(0.141)			(0.059)	(0.047)
tra			0.1487***	0.1485***			0.2142***	0.1576***
			(0.018)	(0.019)			(0.031)	(0.027)
cap				0.1202				0.7035***
				(0.238)				(0.106)
exp				0.0981				-0.1825
				(0.562)				(0.186)
C	6.8673***	7.2525***	5.8353***	5.8311***	7.5902***	8.2351***	6.5309***	6.2131***
	(0.043)	(0.050)	(1.135)	(1.213)	(0.103)	(0.075)	(0.722)	(0.549)
Obs	279	279	248	248	434	434	434	434
R^2	0.6189	0.7488	0.8626	0.8634	0.6435	0.8833	0.9440	0.9620
FE	YES	YES	YES	YES	YES	YES	YES	YES

注：*** 表示通过1%显著性检验，** 表示通过5%显著性检验，* 表示通过10%显著性检验。括号内为系数的稳健标准误。经 Hausman 检验，所有回归均使用固定效应模型。

4.4.3 稳健性检验

4.4.3.1 稳健性检验1——逐步增加控制变量

本书首先通过逐步增加控制变量的方法，对4.4.2节的结论进行稳健性检验。由模型(2)~(4)和模型(6)~(8)知，非生产性配置显著地抑制经济增长，但这种促进效应随时间增强，结论稳健。由模型(10)~(12)和模型(14)~(16)知，生产性配置显著地促进经济增长，抑制效应随时间减弱，结论稳健。在控制了相关变量后，研究发现，生产性配置每增加1%，在1992—2000年促进经济增长4.04%，在2001—2014年对经济增长的促进效应下降到1.34%。非生产性配置每增加1%，在1992—2000年抑制经济增长2.70%，在2001—2014年对经济增长的抑制效应增强至3.55%。

4.4.3.2 稳健性检验 2——更换控制变量

根据吴义爽(2010)的思路，本书选用另外一组控制变量为人均物质资本k，技术进步 a 和人力资本 h。其中，技术进步的替代变量是每万人拥有的专利数量的对数值。人均资本为各省物质资本存量与人口总数之比，其中人口总数用各省年末常住人口总数替代，各省物质资本存量使用永续盘存法进行测度，基本公式如下：

$$K_{i,t} = K_{i,t-1}(1-\delta_{i,t}) + I_{i,t}$$

其中，$K_{i,t}$ 表示第 i 省份，第 t 年的固定资本存量，$\delta_{i,t}$ 表示第 i 省份第 t 年固定资本存量的折旧率，$I_{i,t}$ 表示第 i 省份第 t 年经平减后的固定资本增加量。

关于人力资本的测度，本书借鉴 Psacharopoulos(2002)的方法，将人力资本的测度公式设定的形式为

$$h_{i,t} = e^{mS_{i,t}}$$

其中，$h_{i,t}$ 为第 i 省份第 t 年的人均人力资本。m 为明瑟教育收益率，本书采用邓峰等(2013)应用中国健康与营养调查(CHNS)1989—2009 年的追踪数据，测算出中国的平均教育收益率为 8.6%。

如表 4-4 所示，天赋的非生产性配置在 1992—2000 年每增加 1%，显著地抑制经济增长 1.60%，在 2001—2014 年显著地抑制经济增长 2.74%，可见，非生产性配置的抑制作用随时间增强。天赋的生产性配置在 1992—2000 年每增加 1%，显著地促进经济增长 2.11%，在 2001—2014 年显著地促进经济增长 1.09%，生产性配置对经济增长的促进效应随时间减弱。由以上分析知，4.4.2 节的结论稳健。

表 4-4 稳健性检验

VAR	1992—2000 年		2001—2014 年	
	(17)	(18)	(19)	(20)
	lny	lny	lny	lny
unp	-1.5983**		-2.7366**	
	(0.248)		(1.344)	
pro		2.1072***		1.0890*
		(0.550)		(0.605)

续表

VAR	1992—2000 年		2001—2014 年	
	(17)	(18)	(19)	(20)
	lny	lny	lny	lny
k	0.7494***	0.6720***	0.5567***	0.5674***
	(0.036)	(0.036)	(0.050)	(0.045)
a	0.0147	0.0352*	0.0970***	0.1029***
	(0.018)	(0.018)	(0.018)	(0.019)
h	-0.1965	-0.0822	-0.0499	-0.1012
	(0.148)	(0.154)	(0.067)	(0.072)
C	2.2342***	2.4565***	3.6485***	3.5047***
	(0.453)	(0.404)	(0.435)	(0.350)
Obs	279	279	434	434
R^2	0.9507	0.9564	0.9751	0.9731
FE	YES	YES	YES	YES

注：*** 表示通过 1%显著性检验，** 表示通过 5%显著性检验，* 表示通过 10%显著性检验。括号内为系数的稳健标准误。经 Hausman 检验，所有回归均使用固定效应模型。

4.4.3.3 稳健性检验 3——分区域

本节将样本分为东、中、西区三部分，进行稳健性检验。如表 4-5 所示，1992—2000 年和 2001—2014 年，东、中、西区的非生产性配置均显著地抑制经济增长，其抑制效应随时间增强，其显著性也在增强。

表 4-5 稳健性检验(非生产性配置)

VAR	1992—2000 年			2001—2014 年		
	(21)	(22)	(23)	(24)	(25)	(26)
	东	中	西	东	中	西
unp	-1.6181*	-2.0189*	-3.7207*	-3.7049**	-5.3515***	-6.5941***
	(1.008)	(0.988)	(2.136)	(1.546)	(0.668)	(1.749)

续表

VAR	1992—2000年			2001—2014年		
	(21)	(22)	(23)	(24)	(25)	(26)
	东	中	西	东	中	西
a	0.0871***	0.1667***	0.1283*	0.1623***	0.0196	0.0381
	(0.015)	(0.024)	(0.062)	(0.032)	(0.063)	(0.049)
edu	1.7197***	0.9847***	1.7201	0.3933*	1.6251***	0.8932***
	(0.292)	(0.312)	(1.112)	(0.190)	(0.176)	(0.159)
inf	0.2146	0.0755*	0.1920*	0.1829**	0.1891	0.3951
	(0.243)	(0.036)	(0.091)	(0.057)	(0.146)	(0.247)
tra	0.1957***	0.2066***	0.1435**	0.1667***	0.2618***	0.0962**
	(0.049)	(0.017)	(0.060)	(0.024)	(0.042)	(0.034)
cap	-0.0161	0.7400***	0.8856**	0.4863**	0.4658	0.8255
	(0.150)	(0.128)	(0.295)	(0.158)	(0.367)	(0.459)
exp	-0.9069	-0.0220	-2.2399	0.2506	-2.8769**	-1.4995*
	(0.999)	(0.447)	(1.711)	(0.195)	(1.052)	(0.722)
C	4.7349**	4.9077***	4.8790**	6.9817***	4.5660***	8.0646***
	(2.131)	(0.780)	(2.031)	(0.452)	(1.251)	(1.660)
Obs	96	168	126	140	72	80
R^2	0.9077	0.9687	0.9520	0.9764	0.9394	0.8083
FE	YES	YES	YES	YES	YES	YES

注：*** 表示通过1%显著性检验，** 表示通过5%显著性检验，* 表示通过10%显著性检验。括号内为系数的稳健标准误。经 Hausman 检验，所有回归均使用固定效应模型。

研究还发现，非生产性配置对经济增长的抑制效应存在区域差异性。不论在1992—2000年还是2001—2014年，有关非生产性配置对经济增长的抑制效应，西部强于中部，中部强于东部。这表明，经济基础越差，营商环境越不友好，非生产性配置对经济的抑制效应越大。

如表 4-6 所示，1992—2000 年以及 2001—2014 年，东、中、西区的生产性配置均显著地促进经济增长。2001—2014 年，生产性配置对经济增长的促进效应和显著性均在减弱。研究还发现，生产性配置对经济增长的促进效应也存在区域差异性。1992—2000 年，生产性配置对经济增长的促进效应，东部地区大于西部地区，西部地区大于中部地区，同 2001—2014 年的研究结论类似。这表明，经济基础越好，营商环境越友好，生产性配置对经济增长的促进效应越大。

表 4-6　　**稳健性检验(生产性配置)**

VAR	1992—2000 年			2001—2014 年		
	(27)	(28)	(29)	(30)	(31)	(32)
	东	中	西	东	中	西
pro	7.1453***	2.7352**	3.2576***	3.3353**	0.4620*	0.9865*
	(1.764)	(0.908)	(0.429)	(1.095)	(0.264)	(0.506)
a	0.1114***	0.1492***	0.0745**	0.1576***	0.0803	0.1422***
	(0.031)	(0.046)	(0.034)	(0.030)	(0.052)	(0.030)
edu	0.9283***	0.9592***	1.4019***	1.5314***	1.3768	0.4327*
	(0.229)	(0.289)	(0.257)	(0.283)	(0.893)	(0.196)
inf	0.0001	0.0547	0.2649*	0.3952*	0.2293**	0.2178**
	(0.345)	(0.069)	(0.142)	(0.177)	(0.085)	(0.070)
tra	0.1055**	0.2232***	0.1605***	0.2171***	0.1357**	0.1401***
	(0.033)	(0.015)	(0.033)	(0.055)	(0.056)	(0.041)
cap	0.9593**	0.7218***	-0.2774	0.4309	0.8632***	0.5187***
	(0.399)	(0.104)	(0.165)	(0.310)	(0.204)	(0.133)
exp	-0.8418	0.2268	0.6335	-1.8944	-2.7892	0.0490
	(0.688)	(0.403)	(1.290)	(1.452)	(1.811)	(0.177)
C	4.6169	4.4762***	5.6078***	5.8298***	5.5404***	7.0244***
	(2.632)	(0.884)	(1.282)	(1.709)	(1.487)	(0.568)

续表

VAR	1992—2000 年			2001—2014 年		
	(27)	(28)	(29)	(30)	(31)	(32)
	东	中	西	东	中	西
Obs	80	168	96	72	126	140
R^2	0.8017	0.9678	0.9332	0.9048	0.9649	0.9763
FE	YES	YES	YES	YES	YES	YES

注：*** 表示通过 1%显著性检验，** 表示通过 5%显著性检验，* 表示通过 10%显著性检验。括号内为系数的稳健标准误。经 Hausman 检验，所有回归均使用固定效应模型。

4.4.4 内生性检验

天赋配置对经济增长的影响来自对生产性活动的激励以及对非生产性活动的约束，当生产性活动受到激励，生产规模扩大，经济效益增加，经济实现增长，而当非生产性活动受到约束，非生产性活动对经济的破坏效应得以缓解，潜在的经济损失得以减少，间接地促进经济增长。因此，天赋配置持续优化促进经济健康发展。与此同时，在多变的经济环境下，经济发达地区更容易催生善于发现市场机会并付之实现的企业家群体，从而促进更多人从事生产性活动。同时，经济发达的地区拥有更多的资源和更友好的营商环境，对非生产性配置起到较好的约束效应，从而引致天赋配置的持续优化(Glaear，2007)。于是，天赋配置与经济增长之间可能存在双向因果关系，即存在内生性问题。

李宏彬等(2009)在研究时间序列数据时，将滞后 30 年的国有企业职工数占职工总数的比例作为生产性配置的工具变量，试图讨论生产性配置与经济增长的内生性问题。李世刚和尹恒(2017)针对微观截面数据，将省内其他城市政府——企业员工平均受教育年限之比作为人才配置结构的工具变量。本书借鉴李晓敏(2016)的思想，采用滞后一期的生产性配置和非生产性配置作为生产性配置和非生产性配置的工具变量，以控制其内生性，内生性检验结果如表 4-7 所示。由模型(33)和模型(35)可知，非生产性配置显著地抑制经济增长，其抑制效应随时间在加强。由模型(34)和模型(36)知，生产性配置显著地促进经济增长，其促进效应随时间在递减。

表 4-7　　　　**内生性检验**

VAR	1992—2000 年		2001—2014 年	
	(33)	(34)	(35)	(36)
	lny	lny	lny	lny
unp	-4.0814***		-9.1429***	
	(0.643)		(2.920)	
pro		6.0540***		1.3753***
		(0.600)		(0.218)
a	-0.0169	0.1154***	0.1598***	0.1237***
	(0.048)	(0.019)	(0.013)	(0.015)
edu	1.0116***	1.1011***	0.7277***	0.6733***
	(0.242)	(0.105)	(0.139)	(0.138)
inf	0.1493	0.2370***	0.1508***	0.1605***
	(0.135)	(0.077)	(0.023)	(0.023)
tra	0.0970**	0.1226***	0.1659***	0.1568***
	(0.041)	(0.018)	(0.016)	(0.016)
cap	1.0579***	0.1220	0.6394***	0.7052***
	(0.364)	(0.136)	(0.052)	(0.052)
exp	-3.0629**	-0.0671	0.0239	-0.1830*
	(1.238)	(0.359)	(0.107)	(0.101)
C	6.8215***	5.9594***	6.3513***	6.2271***
	(0.997)	(0.608)	(0.348)	(0.336)
Obs	248	248	434	434
FE	YES	YES	YES	YES

注：*** 表示通过 1%显著性检验，** 表示通过 5%显著性检验，* 表示通过 10%显著性检验。括号内为系数的稳健标准误。经 Hausman 检验，所有回归均使用固定效应模型。

经过以上的分析发现，假设 1a 和假设 1b 的结论成立。

4.5 异质性分析

为了进一步分析天赋的不同配置对经济的影响，本书分别讨论个体就业、私营就业和公务员就业三种不同配置与经济增长的关系，于是得到三个新的天赋配置变量，分别为个体配置、私营配置、公务员配置。其中：

个体配置=个体就业人数/总就业人数

私营配置=私营就业人数/总就业人数

公务员配置=公务员就业人数/总就业人数

4.5.1 个体配置

如表4-8所示，从全国层面看，1992—2000年和2001—2014年，个体配置均显著地促进经济增长。其可能的原因如下。

表4-8 个体配置与经济增长

VAR	1992—2000年				2001—2014年			
	(37)	(38)	(39)	(40)	(41)	(42)	(43)	(44)
	全国	东	中	西	全国	东	中	西
ind	4.2704***	3.9069***	3.5238**	6.4754*	2.4473**	2.0173	3.3210**	2.1430
	(0.762)	(0.745)	(1.267)	(3.353)	(0.906)	(1.601)	(1.396)	(2.032)
a	0.1327***	0.1069***	0.1624***	0.1146**	0.1489***	0.1502***	0.0817	0.1391***
	(0.023)	(0.026)	(0.029)	(0.038)	(0.029)	(0.041)	(0.055)	(0.031)
edu	1.3681***	1.3605***	1.6079***	1.1123***	0.6766**	0.9034***	1.5021	0.3867*
	(0.185)	(0.269)	(0.267)	(0.271)	(0.256)	(0.254)	(0.963)	(0.189)
inf	0.3127**	0.3101*	0.4130**	0.0748	0.1440***	0.0421	0.2246**	0.2210***
	(0.141)	(0.152)	(0.178)	(0.348)	(0.044)	(0.061)	(0.086)	(0.068)
tra	0.1826***	0.1971***	0.2276***	0.1318***	0.1851***	0.2427***	0.1621**	0.1588***
	(0.024)	(0.045)	(0.056)	(0.035)	(0.024)	(0.015)	(0.057)	(0.028)
cap	0.0760	-0.3315**	0.3953	1.1648**	0.5955***	0.6447***	0.9382***	0.4844***
	(0.248)	(0.121)	(0.327)	(0.410)	(0.113)	(0.150)	(0.217)	(0.148)

续表

VAR	1992—2000 年				2001—2014 年			
	(37)	(38)	(39)	(40)	(41)	(42)	(43)	(44)
	全国	东	中	西	全国	东	中	西
exp	0.3651	1.4519	-1.8695	-0.5765	-0.2187	0.2458	-2.8004	0.0349
	(0.571)	(1.172)	(1.542)	(0.775)	(0.193)	(0.427)	(1.838)	(0.177)
C	5.6882***	5.7108***	5.7738***	4.5659	5.9870***	4.3314***	5.0794**	7.0157***
	(1.268)	(1.448)	(1.716)	(2.698)	(0.563)	(0.756)	(1.577)	(0.534)
Obs	248	96	72	80	434	168	126	140
R^2	0.8470	0.9224	0.8990	0.7721	0.9604	0.9682	0.9613	0.9764
FE	YES	YES	YES	YES	YES	YES	YES	YES

注：*** 表示通过 1%显著性检验，** 表示通过 5%显著性检验，* 表示通过 10%显著性检验。括号内为系数的稳健标准误。经 Hausman 检验，所有回归均使用固定效应模型。

第一，制度保障。1979 年，根据市场需要，国务院批准一些闲散劳动力从事个体劳动；1982 年，《宪法》明确了个体经济的合法地位；中共十四大明确指出，个体经济是国有经济的重要补充。这些制度的建立，保障了个体经济发展的权利，使得个体经济空前发展。

第二，现实需要。1994 年大规模的国企改革和产业结构调整，使得大量职工下岗，并从企业涌向社会，个体经济成为再就业的主渠道。2016 年，中国个体经济再创新高，共有个体户 5929 万户，从业人员 12862 万人，个体配置显著促进经济增长。

从表 4-8 中还发现，在 1992—2000 年，不同区域的个体配置均显著地促进经济增长，其中，西部地区大于中部地区，中部地区大于东部地区。但在 2001—2014 年，东部和西部的个体配置对经济增长的促进作用变得不再显著。其可能的原因如下。

第一，1999 年的宪法修正案，从制度上为个体经济和私营经济的存在和发展提供有力保障，但这种制度保障对私营经济的促进作用远远大于个体经济的促进作用。大部分个体经济属于谋生型，对制度环境要求不高。但私营经济以企业形式存在，看重未来发展，制度约束明显。当私营企业获得制度保障，创业者更倾向于以企业形式创业，而非个体户。同时，有实力的个体户更愿意以企业形式获得更大发展空间(朱红恒等，2018)。

第二，随着市场化改革的逐渐深入，市场成熟，竞争加剧，使得抗风险能力较低、竞争力落后的个体经营者逐渐被淘汰。

第三，Porter(1998)认为，当经济从要素推动转向投资推动和创新推动时，对自然要素和非熟练劳动力的需求下降。从20世纪90年代后期开始，中国经济增长向第二个阶段过渡，对个体就业需求开始下降。东部和西部地区的影响更为显著，因此，东部地区和西部地区的个人配置对经济增长的影响变得不再显著。

4.5.2 私营配置

如表4-9所示，1992—2000年，无论是全国层面还是地区层面，私营配置显著地促进经济增长。同时，私营配置对经济增长的促进效应，西部大于中部，中部大于东部。2001—2014年，不论在全国层面还是区域层面，私营配置仍然显著地促进经济增长，其中，私营配置对经济增长的促进效应，中部远大于东部和西部。

表4-9　　私营配置与经济增长

VAR	1992—2000年				2001—2014年			
	(45)	(46)	(47)	(48)	(49)	(50)	(51)	(52)
	全国	东	中	西	全国	东	中	西
sel	6.6062***	4.1895***	24.4707***	29.0422***	1.3452***	0.3752**	7.9002***	0.8681*
	(2.271)	(1.192)	(5.184)	(5.783)	(0.453)	(0.119)	(2.148)	(0.466)
a	0.0732***	0.0570*	0.0990**	0.0621**	0.1371***	0.1567***	0.0940*	0.1482***
	(0.023)	(0.029)	(0.042)	(0.023)	(0.029)	(0.041)	(0.050)	(0.027)
edu	1.4664***	1.6508***	1.2980***	0.6605***	0.7427***	0.9981***	1.2835	0.4646*
	(0.174)	(0.255)	(0.308)	(0.108)	(0.250)	(0.296)	(0.759)	(0.216)
inf	0.3175*	0.2467	0.2972*	−0.0674	0.1494***	0.0549	0.2233**	0.2039**
	(0.159)	(0.179)	(0.140)	(0.283)	(0.045)	(0.067)	(0.085)	(0.064)
tra	0.1430***	0.1640***	0.1690***	0.0525	0.1598***	0.2230***	0.0826	0.1502***
	(0.022)	(0.033)	(0.049)	(0.039)	(0.026)	(0.016)	(0.067)	(0.035)
cap	0.1853	−0.1997	0.6154*	0.5442	0.7247***	0.7179***	0.7381***	0.5374***
	(0.253)	(0.159)	(0.305)	(0.410)	(0.106)	(0.104)	(0.141)	(0.134)

续表

VAR	1992—2000 年				2001—2014 年			
	(45)	(46)	(47)	(48)	(49)	(50)	(51)	(52)
	全国	东	中	西	全国	东	中	西
exp	-0.0134	-0.0988	-1.9259	-1.6057***	-0.1508	0.2351	-2.5579	0.0797
	(0.540)	(1.259)	(1.428)	(0.425)	(0.167)	(0.398)	(1.635)	(0.158)
C	5.8178***	5.0991***	5.7459***	5.2079**	6.0352***	4.4187***	6.0773***	6.8401***
	(1.281)	(1.541)	(1.457)	(1.973)	(0.539)	(0.872)	(1.310)	(0.544)
Obs	248	96	72	80	434	168	126	140
R^2	0.8453	0.9190	0.9224	0.8576	0.9603	0.9674	0.9669	0.9757
FE	YES	YES	YES	YES	YES	YES	YES	YES

注：*** 表示通过 1%显著性检验，** 表示通过 5%显著性检验，* 表示通过 10%显著性检验。括号内为系数的稳健标准误。经 Hausman 检验，所有回归均使用固定效应模型。

1956 年“三大改造”完成之后，私营企业被集体企业和国有企业替代，私营经济消失。直到改革开放前，私营企业和私营经济在中国仍然不存在。1978 年，在邓小平提出改革开放后，私营经济作为公有制经济的一种补充开始出现，虽然体制束缚在逐渐松绑，但其经济贡献极其微弱，1986 年城镇私营工业产值仅占全国工业总产值的 0.3%。1988 年，私营经济被《宪法》承认，并获得了合法地位，之后私营企业迅速发展，成为国民经济的重要组成部分。

虽然在实际操作层面，私营企业仍然在政治和行政层面受到歧视(史晋川和郎金焕，2018)，但到 2001 年，私营企业从无到有，其营业收入总额已占全部企业营业收入的 13.32%(第二次全国基本单位普查课题组，2003)，私营企业的快速发展调动了富有企业家精神的公民积极投身社会建设，创造巨大经济价值，创造大量就业机会，弥补公有制经济的不足，促进中国经济的迅速崛起。

随着 20 世纪 90 年代初邓小平对改革开放的重新推动，民营企业得到更大的发展空间，成为促进经济发展的主要力量。从 2000 年开始，私营企业成为中国新建企业的主流形式，互联网热潮和高科技产业进一步推动私营企业的发展，私营企业在经济发展中成为重要的力量，到 2016 年 6 月底，中国私营企业数量占内资企业数量的比重首次超过90%①。到2016年底，中国共有私营企业2309万户，从业人员达到12083万人，私营企业的营业收入总额占全国企业营业收入超过70%。因此，私营企业的巨大发展，显著地促进经济发展。

4.5.3 公务员配置

如表4-10所示，1992—2000年，不论是全国层面还是区域层面，公务员配置均抑制经济增长。其可能的原因是：公务员作为分利者，具有非生产性的一面，他们只进行财富的再分配，对财富生产并无直接效应，特别是当政府规模过大、对经济干预过多，对政府官员又缺乏有效约束时，政府官员行为常常表现为"掠夺之手"，而不是"扶持之手"，极易引致寻租活动，继而抑制经济增长。因此，周黎安和陶婧(2009)认为，在处于行政垄断地位的政府部门中，公务员规模扩大会增加腐败犯罪和寻租行为的发生率，抑制经济增长。

表4-10 **公务员配置与经济增长**

VAR	1992—2000年				2001—2014年			
	(53)	(54)	(55)	(56)	(57)	(58)	(59)	(60)
	全国	东	中	西	全国	东	中	西
gov	-15.4885*	-3.2863	-98.8396*	-21.8800	4.4670	-25.8468*	95.3180**	-4.1165
	(8.973)	(5.128)	(48.028)	(32.145)	(12.283)	(13.080)	(32.804)	(5.696)
a	0.1069***	0.0998***	0.1353**	0.0897*	0.1716***	0.1736***	0.1137*	0.1499***
	(0.023)	(0.021)	(0.048)	(0.040)	(0.024)	(0.026)	(0.051)	(0.026)
edu	1.6206***	1.6678***	2.1890***	1.3085***	0.8160***	1.0536***	1.3998*	0.4163
	(0.178)	(0.313)	(0.284)	(0.251)	(0.296)	(0.297)	(0.714)	(0.245)
inf	0.4050**	0.3052	0.4822**	0.2605	0.1249***	0.0584	0.1639**	0.1915**
	(0.172)	(0.206)	(0.173)	(0.297)	(0.039)	(0.035)	(0.069)	(0.059)
tra	0.1913***	0.2128***	0.2694***	0.1443***	0.1852***	0.2574***	0.1490**	0.1803***
	(0.029)	(0.051)	(0.057)	(0.040)	(0.029)	(0.022)	(0.058)	(0.026)
cap	0.1738	-0.2271	0.5347	1.2220**	0.6338***	0.6513***	0.7719***	0.5424***
	(0.265)	(0.133)	(0.487)	(0.493)	(0.108)	(0.109)	(0.090)	(0.139)

① 数据来自原国家工商行政管理总局《2016年全国市场主体发展情况说明》。

续表

VAR	1992—2000 年				2001—2014 年			
	(53)	(54)	(55)	(56)	(57)	(58)	(59)	(60)
	全国	东	中	西	全国	东	中	西
exp	0.1843	0.5427	−2.8646	−0.5910	−0.2529	0.3532	−2.8539*	0.1813
	(0.532)	(1.049)	(1.731)	(0.825)	(0.353)	(0.323)	(1.472)	(0.192)
C	6.0505***	5.1704**	5.9887***	5.6681**	5.6236***	4.2936***	4.2816**	6.7040***
	(1.456)	(1.923)	(1.757)	(2.133)	(0.574)	(0.656)	(1.372)	(0.504)
Obs	248	96	72	80	434	168	126	140
R^2	0.8196	0.9005	0.8797	0.7522	0.9573	0.9690	0.9665	0.9753
FE	YES	YES	YES	YES	YES	YES	YES	YES

注：*** 表示通过 1%显著性检验，** 表示通过 5%显著性检验，* 表示通过 10%显著性检验。括号内为系数的稳健标准误。经 Hausman 检验，所有回归均使用固定效应模型。

2001—2014 年，从全国层面看，公务员配置促进经济增长，但不显著。其可能的原因是，公务员一般被认为是非生产性配置的典型形式，应该抑制经济增长。但实际上，公务员对经济增长的影响还表现出生产性的一面。政府提供公共物品，降低交易成本，服务生产活动，统筹管理经济社会秩序和国家公共资源，对国家机器的顺利运转和经济社会的良性发展起到重要的维护作用(何兴邦，2017)。因此，在中国特殊的国情下，公务员对经济增长的促进作用不容忽视。马拴友(2015)认为，我国政府劳务是生产性的，这可能是因为政府为经济提供了国防、教育和宏观经济管理等服务，有利于人力资本形成和经济的稳定与长期发展；同时经测算，我国政府劳务的边际生产力显著大于 1，说明政府劳务供给不足，继续扩大公共服务，可以促进经济增长。

公务员配置对经济增长的正向促进作用也为“公务员热”的形成提供了新的解释视角。1993 年，中国开始实施《国家公务员暂行条例》，公务员的录用实行面向社会、公开考试、严格考核、择优录取的原则。之后，公务员的录取比例逐年增高，如表 4-11 所示，从最低的 2004 年的 15 : 1，增长到最高的 2011 年的 59 : 1，“公务员热”逐渐升温。一般认为，“公务员热”的可能原因有：第一，在我国经济转型中，政府控制的资源太多，权力太大，造成寻租现象普遍。这种寻租信号会影响大学生的专业选择。这种选择根源于生产性报酬与非生产性报酬的差别。公务员行业的真实收入核算表明，公务员行业的非正式收入是对报考者的一种潜在的利益暗示，使得他们在追求工作稳定性的同时也追求自身收入及效用最大化，这正是公务员报考异常火热的原因(卢现祥和梁玉，2009)。第二，就业压力。中国从1999年开始扩招，大学毕业生数量从2001年的115万人增加到2018年的820万人，巨大的就业压力，让更多的学生将公务员作为自我价值实现的重要选择，引致“公务员热”现象的发生。

以上的分析均将“公务员热”产生的原因归于外生因素的影响，但从本书的研究结论看，公务员配置的增加有助于经济增长，这说明“公务员热”有其内生的经济需求。中国自2001年加入世界贸易组织以来，不断加大对外开放和对内改革的力度，经济建设取得令人瞩目的成就，但经济规模的持续扩大需要相应的公共服务相匹配，才能使经济持续、协调、长期发展，因此，公务员数量的增加为经济发展提供了更多公共服务，更有利于提高经济效率，助力经济发展。

表4-11　　**历年公务员招录人数和录取比例**

年份	招录人数	审核通过	参考人数	录取比例
2003	5475	12.5万	6.7万	16∶1
2004	7572	18.2万	12万	15∶1
2005	8271	31万	29万	35∶1
2006	10282	54万	50万	48.36∶1
2007	12724	74万	53.5万	42∶1
2008	13787	80万	64万	46∶1
2009	13566	105.2万	77.5万	58∶1
2010	15526	144.3万	92.7万	59∶1
2011	15290	141.5万	90.2万	59∶1
2012	17941	130万	96万	53∶1
2013	20839	139.3万	111.7万	53∶1
2014	19538	140.4万	111.95万	57.3∶1
2015	22249	141万	105万	47.2∶1

续表

年份	招录人数	审核通过	参考人数	录取比例
2016	27817	139.5	93	33：1
2017	27016	148.6	98	36：1
2018	28533	165.9	113.4	40：1

数据来源：中国公务员考试网

由表 4-10 可知，从区域看，在东部和西部，公务员配置显著地抑制经济增长，而中部地区显著地促进经济增长，其可能的原因是，公务员配置只有和经济发展相匹配时，才能促进经济增长，不相匹配时将抑制经济增长。本书测算出相对于 2001 年，2014 年的公务员和 GDP 的增长情况，结果如表 4-12 所示。以内蒙古为例，2014 年的公务员规模是 2001 年的 1.46 倍，2014 年 GDP 规模大幅增长 6.63 倍，远超公务员规模的增长幅度。随着内蒙古 GDP 规模的增大，内蒙古对公共服务的需求激增，内生地需要公务员数量增加。从图 4-4 可知，包括内蒙古在内的中部大多省份，均处在经济增长迅速但公务员增幅较小的区域，因此，中部地区对公务员的需求在增加，中部地区公务员的经济增长效应为正。以北京为例，2014 年北京的 GDP 为 2001 年的 3.61 倍，远小于内蒙古的经济增长，但其公务员增长 1.89 倍，比内蒙古的增长幅度还大，如图 4-5 所示，公务员的增长相对较快，超出经济发展的需求，必然抑制经济增长。西部地区出现类似的情形，如图 4-6 所示。因此，公务员的增加与否应与经济发展相适应，不同地区应区别对待。

表 4-12　**各省份公务员增长、GDP 增长和公务员需求指标**

省份	公务员增长	GDP 增长	省份	公务员增长	GDP 增长
内蒙古	1.46	6.63	江苏	1.52	4.57
天津	1.27	5.40	山西	1.40	4.04
湖北	1.15	4.58	河北	1.34	3.82
安徽	1.18	4.51	青海	1.58	4.47
福建	1.29	4.41	云南	1.42	3.92

续表

省份	公务员增长	GDP 增长	省份	公务员增长	GDP 增长
陕西	1.48	4.90	广东	1.55	4.19
广西	1.36	4.42	贵州	1.67	4.35
山东	1.41	4.52	宁夏	1.63	4.12
黑龙江	1.18	3.76	海南	1.67	4.01
四川	1.49	4.73	甘肃	1.80	4.02
辽宁	1.32	4.17	上海	1.36	2.86
河南	1.34	4.21	浙江	2.01	3.97
重庆	1.62	5.07	西藏	2.28	4.45
江西	1.43	4.46	新疆	1.96	3.76
湖南	1.40	4.33	北京	1.89	3.61
吉林	1.44	4.38			

注：公务员增长＝2014 年公务员人数/2001 年公务员人数，GDP 增长＝2014 年实际 GDP 规模/2001 年实际 GDP 规模。

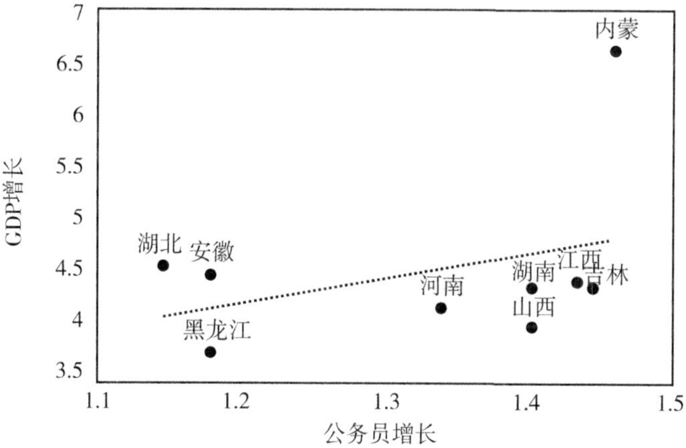

图 4-4　中部地区公务员增长和 GDP 增长的散点图

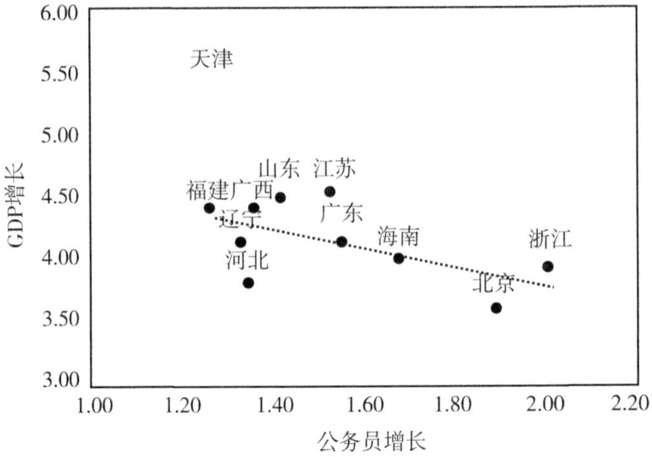

图 4-5　东部地区公务员增长和 GDP 增长的散点图

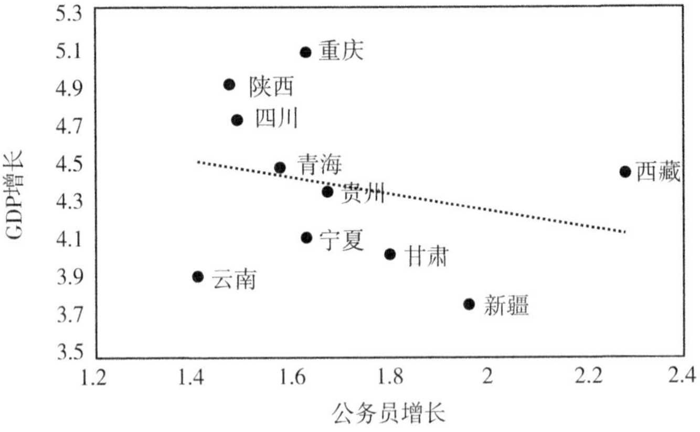

图 4-6　西部地区公务员增长和 GDP 增长的散点图

4.6　制度质量、天赋配置与中国经济增长：基于中介效应模型

4.6.1　中介效应模型的建立

假设制度是经济增长的唯一根本动力，它可以通过优化天赋配置和改进使用效率来促进经济发展。其中，天赋配置包括天赋的生产性配置和非生产性配

置，以及个体配置、私营配置、公务员配置。传导机制如图 4-7 所示。

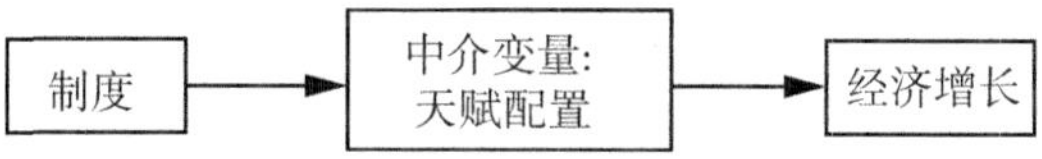

图 4-7　中介变量的传导机制

其中，我们将各类天赋配置均称为中介变量。如果中介效应存在，中介效应模型可测度制度经由天赋配置促进经济增长的贡献率，并识别制度是如何影响天赋配置，继而影响经济增长，本书构建中介效应模型如下：

$$\ln y_{it} = \pi_{y0} + \pi_{y1}s_{it} + \varepsilon_{1it} \tag{4.4}$$

$$f_{it} = \pi_{f0} + \pi_{f1}s_{it} + \varepsilon_{2it} \tag{4.5}$$

$$z_{it} = \pi_{a0} + \pi_{a1}s_{it} + \varepsilon_{3it} \tag{4.6}$$

$$\ln y_{it} = l_0 + l_1 s_{it} + l_2 f_{it} + l_3 z_{it} + \varepsilon_{4it} \tag{4.7}$$

$$\ln y_{it} = l'_0 + (l_1 + l_2\pi_{f1} + l_3\pi_{z1})s_{it} + \varepsilon_{5it} \tag{4.8}$$

其中，

$$l'_0 = l_0 + l_2\pi_{f0} + l_3\pi_{z0}$$

i 表示省份，t 表示年份，f 为天赋配置，s 为制度，z 为控制变量，假设 $\varepsilon_{1it} - \varepsilon_{5it}$ 为随机扰动项，且服从均值为零，方差有限的正态分布。式(4.4)表明，制度 s 是促进经济增长的根本因素，π_{y1} 是制度对经济增长的总效应。式(4.5)和式(4.6)表明，制度可以通过影响天赋配置和其他控制变量促进经济增长，π_{f1}、π_{z1} 分别表示制度对天赋配置和控制变量的影响。式(4.7)表明，l_1 为制度对经济增长直接效应的测度。将式(4.4)~(4.6)代入式(4.7)，可得到式(4.8)，其中，$l_2\pi_{f1}$ 是制度经由天赋配置促进经济增长的测度，是制度间接效应的一部分。$l_2\pi_{f1}/\pi_{y1}$ 是天赋配置的中介效应，也是天赋配置对经济增长的贡献率。

4.6.2 中介效应的测度

4.6.2.1 生产性配置的中介效应

如表 4-13 所示，2001—2007 年，生产性配置的中介效应，即天赋的生产性配置对经济增长的贡献为 0.13%(0.0609×0.0179/0.8288)。2008—2014 年，天赋的生产性配置对经济增长的贡献为 14.13%(1.2865×0.4489/4.0875)。由此可见，2008 年后，制度质量的提升增强了生产性配置的中介效应，生产性配置成为制度促进经济增长的重要途径。

表 4-13　　　　　　　　　　**生产性配置的中介效应**

VAR	2001—2007 年			2008—2014 年		
	(61)	(62)	(63)	(64)	(65)	(66)
	lny	lny	pro	lny	lny	pro
pro	0.0179			1.2865***		
	(0.529)			(0.450)		
ins	0.0701	0.8288**	0.0609**	0.2918	4.0875***	0.4489***
	(0.093)	(0.306)	(0.024)	(0.340)	(0.351)	(0.097)
a	0.2085***		0.0060	0.1639***		0.0057
	(0.021)		(0.005)	(0.018)		(0.005)
edu	-0.3068**		0.0264	0.2037*		-0.0199
	(0.115)		(0.029)	(0.113)		(0.028)
inf	0.0759**		-0.0176**	0.5626***		0.0144
	(0.029)		(0.008)	(0.099)		(0.051)
tra	0.0617**		-0.0036	0.0856***		0.0191**
	(0.025)		(0.008)	(0.023)		(0.007)
cap	-0.2579		-0.0207	0.1720*		-0.0056
	(0.182)		(0.044)	(0.089)		(0.024)
exp	1.5305***		0.0829	0.5255**		0.1813***
	(0.537)		(0.150)	(0.257)		(0.062)
C	8.3812***	7.3459***	-0.1040	10.2198***	7.1796***	-0.1391
	(0.446)	(0.101)	(0.113)	(0.699)	(0.148)	(0.346)
Obs	124	124	124	217	217	217
R^2	0.900	0.179	0.207	0.9511	0.5362	0.7208
FE	YES	YES	YES	YES	YES	YES

注：*** 表示通过 1%显著性检验，** 表示通过 5%显著性检验，* 表示通过 10%显著性检验。括号内为系数的稳健标准误。经 Hausman 检验，所有回归均使用固定效应模型。

4.6.2.2 非生产性配置的中介效应

如表4-14所示，2001—2007年，非生产性配置的中介效应，即天赋的非生产性配置抑制经济增长的贡献为11.52%(0.966×0.0988/0.8288)。2008—2014年，非生产性配置抑制经济增长的贡献为2.21%(0.052×1.7385/4.0875)。由此可见，2008年后，制度质量的提升，弱化非生产性配置的抑制效应。

表4-14　　非生产性配置的中介效应

VAR	2001—2007年			2008—2014年		
	(67)	(68)	(69)	(70)	(71)	(72)
	lny	lny	unp	lny	lny	unp
unp	-0.966***			-1.7385		
	(0.131)			(1.766)		
ins	-0.0243	0.8288**	-0.0988**	0.7779***	4.0875***	-0.052***
	(0.068)	(0.306)	(0.042)	(0.140)	(0.351)	(0.018)
a	0.1850***		-0.0244***	0.1720***		0.0005
	(0.021)		(0.006)	(0.020)		(0.001)
edu	-0.2683**		0.0393	0.1643		-0.0079
	(0.111)		(0.028)	(0.119)		(0.013)
inf	0.0453		-0.0313	0.6244***		0.0249***
	(0.030)		(0.021)	(0.092)		(0.006)
tra	0.0580**		-0.0038	0.1121***		0.0011
	(0.026)		(0.006)	(0.019)		(0.001)
cap	-0.1324		0.1303	0.1400		-0.0142**
	(0.188)		(0.077)	(0.101)		(0.006)
exp	1.3330**		-0.2058*	0.8108***		0.0299***
	(0.595)		(0.120)	(0.239)		(0.011)
C	8.2041***	7.345***	-0.1814	10.439***	7.1796***	0.2291***
	(0.421)	(0.101)	(0.180)	(0.613)	(0.148)	(0.048)

续表

VAR	2001—2007 年			2008—2014 年		
	(67)	(68)	(69)	(70)	(71)	(72)
	lny	lny	unp	lny	lny	unp
Obs	124	124	124	217	217	217
R^2	0.9104	0.1791	0.6662	0.9418	0.5362	0.3694
FE	YES	YES	YES	YES	YES	YES

注：*** 表示通过 1%显著性检验，** 表示通过 5%显著性检验，* 表示通过 10%显著性检验。括号内为系数的稳健标准误。经 Hausman 检验，所有回归均使用固定效应模型。

4.6.2.3　私营配置的中介效应

如表 4-15 所示，2001—2007 年，私营配置对经济增长的贡献为 7.79%（0.3387×0.9399/4.0875）。2008—2014 年，私营配置对经济增长的贡献为 9.95%（1.9798×0.0467/0.9288）。由此可见，2008 年后，制度质量的提升，增强了私营配置的促进效应，使得私营配置成为经济增长的重要途径。

表 4-15　　　　私营配置的中介效应

VAR	2001—2007 年			2008—2014 年		
	(73)	(74)	(75)	(76)	(77)	(78)
	lny	lny	sel	lny	lny	sel
sel	0.9399*			1.9798**		
	(0.511)			(1.448)		
ins	0.5510*	4.0875***	0.3387***	-0.0680	0.9288**	0.0467***
	(0.289)	(0.351)	(0.091)	(0.095)	(0.306)	(0.007)
a	0.1688***		0.0026	0.1892***		0.0065***
	(0.020)		(0.004)	(0.022)		(0.002)

续表

VAR	2001—2007年			2008—2014年		
	(73)	(74)	(75)	(76)	(77)	(78)
	lny	lny	sel	lny	lny	sel
edu	0.2176*		-0.0420	-0.357***		0.0173**
	(0.116)		(0.028)	(0.101)		(0.008)
inf	0.6043***		-0.0247	0.0885***		-0.0043*
	(0.102)		(0.035)	(0.027)		(0.003)
tra	0.0961***		0.0149**	0.0457*		0.0054
	(0.022)		(0.007)	(0.024)		(0.004)
cap	0.1884*		-0.0251	-0.2432		-0.0051
	(0.099)		(0.019)	(0.170)		(0.021)
exp	0.6130**		0.1551**	1.5484***		-0.0055
	(0.251)		(0.057)	(0.497)		(0.051)
C	10.292***	7.1796***	-0.2676	8.6446***	7.3459***	-0.0890*
	(0.679)	(0.148)	(0.238)	(0.403)	(0.101)	(0.049)
Obs	217	217	217	124	124	124
R^2	0.9444	0.5362	0.6140	0.9087	0.1791	0.6560
FE	YES	YES	YES	YES	YES	YES

注：***表示通过1%显著性检验，**表示通过5%显著性检验，*表示通过10%显著性检验。括号内为系数的稳健标准误。经 Hausman 检验，所有回归均使用固定效应模型。

4.6.2.4 个体配置的中介效应

如表4-16所示，2001—2007年，个体配置对经济增长的贡献为-0.86%(-0.5029×0.0142/0.8288)。2008—2014年，个体配置对经济增长的贡献为7.00%(0.6399×0.338/3.0875)。由此可见，2008年后，制度质量的提升，增强了个体配置的促进效应，并成为经济发展的重要力量。

表 4-16 **个体配置的中介效应**

VAR	2001—2007 年			2008—2014 年		
	(79)	(80)	(81)	(82)	(83)	(84)
	lny	lny	ind	lny	lny	sel
ind	-0.5029			0.6399*		
	(0.556)			(0.511)		
ins	0.0783	0.8288**	0.0142	0.5510*	3.0875***	0.338***
	(0.087)	(0.306)	(0.020)	(0.289)	(0.351)	(0.091)
a	0.2084***		-0.0005	0.1688***		0.0026
	(0.020)		(0.004)	(0.020)		(0.004)
edu	-0.3017***		0.0091	0.2176*		-0.0420
	(0.105)		(0.028)	(0.116)		(0.028)
inf	0.0689**		-0.0132*	0.6043***		-0.0247
	(0.028)		(0.007)	(0.102)		(0.035)
tra	0.0572**		-0.0090	0.0961***		0.0149**
	(0.025)		(0.007)	(0.022)		(0.007)
cap	-0.2661		-0.0156	0.1884*		-0.0251
	(0.181)		(0.037)	(0.099)		(0.019)
exp	1.5764***		0.0884	0.6130**		0.1551**
	(0.536)		(0.125)	(0.251)		(0.057)
C	8.3718***	7.3459***	-0.0150	10.292***	7.1796***	-0.2676
	(0.423)	(0.101)	(0.095)	(0.679)	(0.148)	(0.238)
Obs	124	124	124	217	217	217
R^2	0.9015	0.1791	0.0652	0.9444	0.5362	0.6140
FE	YES	YES	YES	YES	YES	YES

注：*** 表示通过 1%显著性检验，** 表示通过 5%显著性检验，* 表示通过 10%显著性检验。括号内为系数的稳健标准误。经 Hausman 检验，所有回归均使用固定效应模型。

4.6.2.5 公务员配置的中介效应

如表4-17所示，2001—2007年，公务员配置对经济增长的贡献为-0.03%（-0.4027×0.0006/0.8288）。2008—2014年，公务员配置对经济增长的贡献为0.73%（5.9749×0.0050/4.0875）。由此可见，制度质量的提升对公务员配置中介效应提高的影响有限。

表4-17 公务员配置的中介效应

VAR	2001—2007年			2008—2014年		
	(85)	(86)	(87)	(88)	(89)	(90)
	lny	lny	gov	lny	lny	gov
gov	-0.4027			5.9749		
	(4.313)			(5.159)		
ins	0.0714	0.8288**	0.0006	0.8397***	4.0875***	0.0050
	(0.082)	(0.306)	(0.003)	(0.173)	(0.351)	(0.003)
a	0.2087***		0.0001	0.1743***		-0.0005
	(0.020)		(0.000)	(0.022)		(0.000)
edu	-0.3057***		0.0015	0.2276*		-0.0083
	(0.110)		(0.002)	(0.115)		(0.006)
inf	0.0757**		0.0003	0.5609***		0.0034
	(0.028)		(0.001)	(0.079)		(0.002)
tra	0.0613**		-0.0008	0.1036***		0.0011*
	(0.025)		(0.001)	(0.019)		(0.001)
cap	-0.2537		0.0113	0.1558		0.0015
	(0.201)		(0.009)	(0.101)		(0.002)

续表

VAR	2001—2007 年			2008—2014 年		
	(85)	(86)	(87)	(88)	(89)	(90)
	lny	lny	gov	lny	lny	gov
exp	1. 5242**		-0. 0193	0. 5982*		0. 0269***
	(0. 583)		(0. 012)	(0. 305)		(0. 008)
C	8. 3846***	7. 3459***	0. 0131**	9. 8574***	7. 1796***	0. 0307*
	(0. 436)	(0. 101)	(0. 006)	(0. 510)	(0. 148)	(0. 017)
Obs	124	124	124	217	217	217
R^2	0. 9001	0. 1791	0. 1893	0. 9417	0. 5362	0. 6802
FE	YES	YES	YES	YES	YES	YES

注：*** 表示通过 1%显著性检验，** 表示通过 5%显著性检验，* 表示通过 10%显著性检验。括号内为系数的稳健标准误。经 Hausman 检验，所有回归均使用固定效应模型。

4. 6. 3　中介效应的检验

为了确定天赋配置的中介效应对经济增长的贡献是否显著，本节对天赋配置的中介效应进行显著性检验。中介效应的显著性检验常用的方法有两种，分别是逐步检验法、Sobel 系数乘积检验法。

4. 6. 3. 1　逐步检验法

对于天赋的配置 f，逐步检验法的原假设为：H_{10} ∶ $\pi_{f1}=0$；H_{20} ∶ $l_2=0$。如果两者都被拒绝，则中介效应显著，否则，中介效应不显著。

以模型(64)和模型(66)为例，H_{10}和 H_{20}均被拒绝，这表明，2008—2014 年，制度通过生产性配置促进经济增长的中介效应显著。同理，可以检验不同时段其他天赋配置的中介效应的显著性，结论总结如下。

如表 4-18 所示，随着制度质量的提升，生产性配置的中介效应从不显著变成显著，非生产性配置的中介效应从显著变成不显著，同时，个体配置和私营配置也变成显著，但公务员配置仍然不显著。

表 4-18　　　　中介效应检验(逐步检验法)

	pro	unp	sel	ind	gov
2001—2007 年	不显著	显著	显著	不显著	不显著
2008—2014 年	显著	不显著	显著	显著	不显著

逐步检验法的缺点在于当中介效应较低时，其检验功效很低，可能出现误判，因此，需要使用 Sobel 系数乘积检验法来确认结论的稳健性。

4.6.3.2 Sobel 系数乘积检验法

Sobel 系数乘积检验法检验的是，经过中介变量路径上的回归系数的乘积是否显著为 0，即检验 H_{30}：$\pi_{f1}l_2=0$。如果拒绝原假设，则中介效应显著，反之不显著。检验 H_{30}：$\pi_{f1}l_2=0$ 的关键在于计算出 $\pi_{f1}l_2$ 的标准差，本书采用 Sobel(1987)根据一阶 Taylor 展开式的近似公式：

$$s_{l_2\pi_{f1}}=\sqrt{\hat{l}_2^2 s_{\pi_{f1}}^2+\hat{\pi}_{f1}^2 s_{l_2}^2}$$

其中，$s_{\pi_{f1}}$ 是 $\hat{\pi}_{f1}$ 的标准差，s_{l_2} 是 $\hat{l}_2$ 的标准差。

检验统计量为：

$$z=\hat{\pi}_{f1}\hat{l}_2/s_{\pi_{f1}l_2} \tag{4.9}$$

对(4.9)式进行计算知，2001—2007 年，生产性配置的 z 值为 0.03，显著地小于 10%对应的临界值，因此接受原假设，生产性配置的中介效应不显著。同理，2008—2014 年，生产性配置的 z 值为 2.43，其中介效应显著。其他变量在各年份的中介效应及其测度的结果如表 4-19 所示。

表 4-19　　　　中介效应检验(系数乘积检验法)

	pro	unp	sel	ind	gov
2001—2007 年	不显著	显著	不显著	不显著	不显著
z 值	0.03	2.24**	1.38	-0.98	-0.08
中介效应	0.13%	11.52%	1.61%	-8.61%	-0.03%

续表

	pro	unp	sel	ind	gov
2008—2014 年	显著	不显著	显著	显著	不显著
z 值	2.43**	0.93	2.41**	1.71*	0.95
中介效应	14.12%	2.21%	9.95%	7.00%	0.73%

注：** 表示通过 5%显著性检验，* 表示通过 10%显著性检验。

据表 4-19 分析可知，生产性配置的中介效应从不显著变成显著，这表明，随着制度质量的提升，生产性配置对经济增长的促进作用在增强，对经济增长的贡献达到 14.12%。非生产性配置的中介效应从显著变成不显著，这表明，随着制度质量的提升，非生产性配置对经济增长的抑制效应在减弱，变得不再显著。个体配置和私营配置均从不显著变成了显著，这同样说明，随着制度质量的提升，个体配置和私营配置对经济增长的促进作用在增强，对经济增长的贡献分别达到 9.95%、7.00%，成为中国经济高速发展的重要途径。但同时也发现，公务员配置的中介效应依然不显著。从表 4-18 和表 4-19 的比较可知，结论基本一致，因此结论具有稳健性。

由以上分析知，假设 2a 和假设 2b 均成立。

4.7　本章小结

第一，通过实证分析发现，天赋的非生产性配置显著地抑制经济增长，其抑制效应随时间增强，1992—2000 年，非生产性配置每增加 1%，抑制经济增长 2.70%，2001—2014 年，其抑制效应增大至 3.55%。生产性配置显著地促进经济增长，其促进效应随时间减弱，1992—2000 年，生产性配置每增加 1%，促进经济增长 4.04%，2001—2014 年，其促进效应下降到 1.34%。同时还发现，非生产性配置对经济增长的抑制效应和生产性配置对经济增长的促进效应，均存在区域差异性。

第二，通过异质性分析发现，1992—2000 年和 2001—2014 年，在全国层面和区域层面，个体配置和私营配置均显著地促进经济增长。1992—2000 年，在全国层面和区域层面，公务员配置均显著地抑制经济增长。2001—2014 年，在全国层面，公务员配置不显著地促进经济增长。在区域层面，东部和西部显著地抑制经济增长，而中部地区显著地促进经济增长。

第三，经中介效应分析发现，制度质量的提升增强生产性配置的促进效应，并成为促进经济增长的重要途径，2008—2014 年，生产性配置对经济增长的贡献为 14.1%，且显著。相反，制度质量的提升弱化非生产性配置的抑制作效应，2008—2014 年其抑制效应不再显著。同时也发现，制度质量的提升增强个体配置和私营配置的促进效应，也成为促进经济增长的重要途径，2008—2014 年，私营配置和个体配置对经济增长的贡献分别达到 9.95% 和 7.00%。同时也发现，制度质量提升对公务员配置的改善程度有限。

本章的研究结论提供如下政策建议：第一，制度改革以市场化为导向，鼓励大众创业，万众创新，提高生产性企业家的配置、优化和拓展，最好的方式不是扩大在补贴贷款、技能教育等方面的政府预算，而是进行以市场化为导向的制度革新，降低非生产性天赋的回报；第二，政府治理需要因势利导，践行新政商关系，做到“亲密”而不失分寸。

第5章　省域制度质量、政治关联与企业创新

——来自2008—2016年中国全体上市企业的证据

5.1　问题的提出

经济长期增长的根本动力是创新，它决定了一国经济发展的创新效率和技术水平，成为一国竞争优势的驱动力(Romer, 1986)。从微观层面看，企业是社会生产的“细胞”，是市场的主体，也是技术创新的主体。因此，对企业创新影响因素的研究方兴未艾，政治关联——作为企业高管个人特征，其与企业创新绩效的关系研究正受到越来越多的关注。

政治关联，即企业与政府之间建立的复杂关系，是转型经济中企业独特的社会资源(Luo et al., 2011)。从Fisman(2001)首次规范研究政治关联以来，人们逐渐认识到，无论在发展中国家还是在发达国家，政治关联都是一种普遍现象，在转型国家尤为如此(Faccio, 2006)。随着企业家政治地位的不断提升，企业家中人大代表、政协委员越来越多，逐渐形成了中国特色的“政治关联”现象(蔡地等, 2014)。有调查显示，在上市企业中，拥有政治关联的企业高达46%(田利辉和张伟, 2013)。政治关联为企业争取税收减免、资金支持、项目补贴、无息贷款，被看成是促进企业创新、提升企业绩效的一种重要资源，扮演着“帮助之手”的角色(江雅雯等, 2011)，与此同时，为了维护这种紧密的联系，企业需要支付一定的成本，势必减少对研发的投入，从而抑制企业创新，政治关联此时扮演着“掠夺之手”的角色(Dinc, 2005)。在中国转型经济的背景下，政治关联和企业创新之间，到底是何种关系，这是本书需要研究的主要问题之一。

政治关联对企业创新到底是“帮助之手”还是“掠夺之手”，学界一直争论不休，其可能的原因是，先前的研究并没有充分考虑制度等外部因素的影响，因此，本书还进一步研究制度质量、政治关联与企业创新的关系。

对于从行政治理向经济治理转型的中国企业来说，政治关联已演化成为正

式制度失范的替代机制，它放松政府所施加的部分规制(Azzam，2016)，获取重要资源，实现企业创新绩效和经济绩效的提升。但2012年之后，随着各个领域改革力度的加强，以及《关于进一步规范党政领导干部在企业兼职(任职)问题的意见》、"八项规定""六项禁令"等强力反腐政策的陆续出台，我国经济社会正经历着自上而下的深层次变革，制度与政治关联的替代效应是否仍然存在，需要重新审视。

本书通过对2008—2016年中国所有上市企业数据进行研究，发现政治关联在企业创新中扮演"掠夺之手"的角色，其中，总经理关联显著地抑制企业创新，但董事长关联的抑制作用不显著；在民营企业中，政治关联对企业创新的抑制作用显著，但国有企业不显著；制度显著地促进企业创新，与政治关联形成不显著的替代效应，促进企业创新，同时也发现，随着制度质量的提升，这种替代效应在逐渐减弱；反腐败作为制度建设的典型措施，与制度一样显著地促进企业创新，同时与政治关联形成不显著的替代效应。

5.2 理论分析与假设

5.2.1 政治关联对企业创新是"帮助之手"还是"掠夺之手"

5.2.1.1 政治关联促进企业创新的作用机制

企业政治关联的价值近年来得到了公认，这种价值的来源可能有不同的形式。它可以通过融资便利、税收优惠和政府补贴、市场准入、多元化经营、获取创新资源等方式，促进企业创新。

(1)融资便利。Kim(2008)认为，如果经济体法治环境完善，金融系统高效，便可以部分放松企业融资约束，为企业创新活动提供稳定的资金支持。中国作为一个转型国家，政府牢牢掌握信贷资源，因此，为了获取研发支持和增加研发投入，企业具有与政府建立政治关联的强烈动机(谢家智，2014)，并构成企业战略决策和经营行为的重要方面。于蔚等(2012)发现，建立政治关联能帮助企业获得外部融资，与科研机构建立合作关系，取得技术创新资源，从而提高企业的创新绩效。余明桂和潘红波(2008)以1993—2005年沪深两市的民营上市企业为研究样本，通过实证分析发现，与无政治关联民营企业相比，政治关联民营企业获得更多银行贷款和更长贷款期限。

(2)税收优惠和政府补贴。Bloom(2002)发现，政府补贴和税收优惠提升了企业从事研发的积极性和企业经济绩效。其中，政治关联广度更宽的企业，可以获得的政府补助更多(杜勇和陈建英，2016)。Faccio(2006)等通过对跨国样本的研究发现，在陷入财务困境时，政治关联企业更容易获得政府补助，而且政治关联企业的实际税率平均值为 29.7%，明显低于无政治关联企业的实际平均税率 32.7%。同样的情况也出现在中国，李传宪和干胜道(2013)发现，每年新增加的 ST 公司中，超过一半企业获得了政府补助。而资料显示，自 2002 年以来，中国每年从政府获得补助收入的公司比例都超过 40%。相比无政治关联企业，政治关联企业无论在形式还是数量上获取的补助都要多。

(3)市场准入。随着市场化进程的加快，特别是国务院于 2005 年和 2010 年分别出台了《关于鼓励支持和引导个体私营等非公有制经济发展的若干意见》以及《关于鼓励和引导民间投资健康发展的若干意见》，明确鼓励更多企业进入到政府管制的能源、电信、电力等垄断领域中。即便如此，政府作为游戏的规则制定者和参与者，“玻璃门”和“弹簧门”的现象屡见不鲜(王珍义，2014)。罗党论和赵聪(2013)认为，规制性壁垒有随机性与主观性，因此，存在规制性壁垒的行业中，政治关联企业家可以充分利用自身的政治资源，发挥政治关联的“沟通效应”，减少信息不对称，释放企业良好的声誉，获取政府信任和行业准入，并夺取超额利润。胡旭阳(2006)认为企业家的政治身份可以部分作为正式制度的替代，形成“声誉效应”，降低企业进入金融业的壁垒，争取融资便利。

(4)多元化经营。张敏和黄继承(2009)发现，相比无政治关联的企业，政治关联企业实施多元化的程度更高、风险更低。郑建明等(2014)对 A 股上市企业的研究证明，相对于国有企业，政治关联的民营企业更容易实施企业多元化战略，当然，企业只有主动利用政治关联实施多元化时，政治关联才会显著地提升多元化企业的公司价值。Jensen(1986)、Amihud 和 Leverage(1981)等认为企业管理者选择多元化经营的目的是最大化自身利益，以及降低他们控制企业的风险。

(5)获取创新资源。郑胜华和池仁勇(2017)认为，企业通过政治关联向政府提出与科研单位合作的诉求，以期获得创新平台和创新资源。政府作为服务中介利用其自身资源整合能力寻求可能的合作方，为企业搭建创新资源平台。杨战胜和俞峰(2014)通过实证研究发现，相对于非政治关联企业，政治关联企业更有可能从“产学研”平台上获取创新资源，政治关联对企业新产品的影响不显著，但能显著地促进企业专利成果的增加。

5.2.1.2 政治关联抑制企业创新的作用机制

政治关联在给企业创新带来正面影响的同时，也会产生负面效应。首先，企业政治关联会提高企业的信息、政治和治理风险，从而增加治理成本。其次，企业为维持政治关联需支付寻租的代价，增加企业运营成本，从而减少企业创新的激励。

(1)政策不确定性。陈德球等(2016)研究发现，市委书记变更引发的政策不确定性会降低企业的创新效率，这种影响的一个重要途径是增强企业所面临融资环境的不确定性，减少了企业的政府补助和银行贷款，进而导致企业创新所需的资源减少，相对于非政治关联企业，政治关联企业的这种效应更加显著。Julio(2012)认为，官员的更迭会带来政策不确定性，这导致地方政策环境发生改变，创新企业既有的研发战略因此被迫发生改变。

(2)降低企业创新激励。Tan(2014)认为，在转型经济体中，政府是经济政策的制定者，是各类资源的配置者，政治关联作为正式制度的替代，有利于协助企业获取政府政策和各类资源，继而提升企业业绩。张敏和黄继承(2009)、潘红波等(2008)认为，如果资源相对容易获取，企业更愿意通过维护政治关联、实现产业多元化战略以及企业并购等方式扩大生产，不再关注创新活动。

(3)政治关联的成本。Fan 等(2013)发现，与国有企业相比，民营企业把关系放在更加重要的位置，并愿意为此投入更多资源。何兴邦(2017)认为，为了与政府建立良好关系，企业家在参与政治活动时，需要花费时间以及支付相关费用。在资源既定的情况下，这必然对包括企业研发在内的生产性投入产生“挤出效应”。

(4)影响企业的自主决策。王庆文和吴世农(2008)认为，对于国有企业，政府通过指派企业高管等人事安排来保障其控制权，实现其对公司决策的政治干预。Wong(2016)认为，政府干预使国有企业承担多元化目标，而多个目标的存在容易产生冲突，导致企业效率低下。民营企业从政治关联中获取资源的同时，地方官员出于时间约束与政绩短期绩效目标，会要求企业承担必要的社会责任，比如增加就业进而产生冗员(刘慧龙等，2010)、短期产能的提升(梁莱歆和冯延超，2010)、过度投资(Chen et al，2011)等，影响企业的自主决策，牺牲企业包括创新在内的长期发展能力。

当然，政治关联对企业创新的抑制作用，还可以通过政治资源诅咒视角(杨其静，2011)、缓解市场竞争视角(聂辉华，2008)以及地方官员晋升锦标赛视角(周黎安，2007)进行解释。

综合以上观点，本章认为在现阶段，政治关联的抑制作用超过促进作用，因此提出：

假设 1：政治关联扮演“掠夺之手”的角色，即政治关联抑制企业研发。

5.2.2 制度与政治关联是“替代效应”还是“挤出效应”

5.2.2.1 制度与政治关联的替代效应

根据交易成本理论，当一个组织的正式规则与子群体中成员的偏好和利益一致时，将会大大提高组织的经济绩效。组织中的成员受到一种自我激励，这种激励通过正式制度的确立而更加明确。而当博弈的正式和非正式的规则一致时，它们将相互强化。非正式与正式约束的一致性将产生较低的交易成本，因为监督和强化机能以一种非正式的方式取得预期的效果。因此，在企业创新的视角下，制度和政治关联的目标均是促进企业创新，那么制度与政治关联之间便形成一种替代效应，从而促进企业创新。

在实证研究方面，王珍义(2014)认为，改革开放以来，中国处在转轨经济的特殊时期，政治关联保证商业交易的进行，并独享客户资源，占据市场以获取竞争优势。制度和政治关联之间形成替代效应，企业期望通过建立政治关联这种替代机制来控制研发成本，降低研发风险，提升技术创新的有效性。周小宇等(2016)从一个全新的地理视角来分析制度变迁对企业战略形成的影响，发现关系导向战略和创新导向战略是相互补充的关系，这种关系受到地区市场制度发展水平的正向调节。李诗田和邱伟年(2015)发现，相较于无政治关联的企业，政治关联企业的研发支出水平更低；企业所在地的制度质量越高，其研发支出水平越高。朱益宏等(2016)研究发现，政治关联能正向促进企业的短期投机行为和长期技术创新，企业家人力资本和地区市场化程度发挥着重要的调节作用，当企业家人力资本和地区市场化程度越高时，政治关联程度高的企业倾向于选择长期技术创新投入，而短期机会主义行为则会减弱，反之亦然。李维安等(2016)研究发现，税收优惠政策的实施提升了企业创新绩效，但激励效果在不同企业之间存在异质性。同时发现，政治关联企业并未将税收优惠有效地投入创新活动中，在很大程度上，高新技术企业所得税优惠政策成为规避税收的“税盾”。余菲菲和钱超(2017)基于我国 2009 —2013 年 112 家科技型中小企业的数据分析发现，政府科技补助政策对企业创新投入具有显著的激励效应。高冰和王延章(2014)利用 2008—2013 年中国沪深两市的上市企业为研究样本，研究发现，政治关联是制度的替代机制，制度环境不完善地区的企业管理者拥有政治关联可有效提高企业创新绩效。

5.2.2.2 制度与政治关联的挤出效应

若制度与政治关联对促进企业创新这一目标不一致，那么，根据交易成本理论，制度与政治关联会产生挤出效应。

在实证研究方面，王霞(2017)认为，随国家治理环境的好转，具有政治关联的企业受到的冲击更大，通过关系型战略获取市场的能力变弱，为了生存和发展，也不得不快速转型到市场化战略上来。何兴邦(2017)基于2010—2014年民营上市企业样本发现，环境规制能够显著地促进企业研发投入，政治关联的负向调节作用弱化环境规制对企业研发投入的激励效应。汲昌霖和韩洁平(2017)利用35个城市2010—2013年的数据，实证研究发现：政治关联在短期内，能够缓解企业融资约束、提升企业绩效，但随着制度质量的提升，企业对政治关联的依赖程度将会下降。门槛回归结果表明，政治关联存在一个效率边界，当制度质量超越某一临界值时，企业将基于关联成本而放弃政治关联，将发展的核心回归到内在能力的建设上。余汉等(2017)以2009—2014年821个民营上市企业为研究样本，研究发现，具有政府工作背景的企业家能够帮助公司获得更多的资源来提高公司绩效，企业家在政府部门的工作经历也能正向影响公司绩效。法律环境，行政管理环境、金融环境的改善对政治关联具有挤出效应。林润辉等(2016)以2009—2013年1023家在境内和境外上市的中国IPO企业为样本，研究发现，制度质量的提升，政治关联对IPO企业价值的负向影响会减弱，产生负向调节作用。

由此以上分析，本书提出如下假设：

假设2：在中国处在转型经济的情景下，制度与政治关联存在替代效应。

5.3 研究设计

5.3.1 变量定义与数据来源

5.3.1.1 政治关联

政治关联来自英文"political connections"，也有些文献将其翻译成政治关系或者政治联系。关于政治关联的含义，在学界并没有统一的界定。但是，国内外大多数学者普遍认为，政治关联在法律层面上是合法的，因此，政治关联和政治贿赂、政治腐败等非法活动有着本质的区别。同时，政治关联与政治干预、政治寻租存在较大差异。

通过文献的梳理发现，国外相关研究中，学者们对政治关联的定义进行了探讨。Leuz 和 Gee(2003)认为政治关联是指公司与参议员存在的利益关系；Faccio 和 Parsley(2006)将政治关联定义为公司高管或大股东是大臣、议员、政府首脑或者与政府高官具有密切联系；Ferguson 和 Voth(2013)认为政治关联指公司总经理和董事会成员与执政党关系。国内研究方面，Fan(2013)等通过对中国公司的研究，将政治关联定义为公司的 CEO 任职或曾任职于政府或者军队；潘红波等(2008)则认为总经理或者董事长是曾任或者现任政府官员的，则该公司就具有政治关联；吴文峰等(2008)认为，政治关联是指公司与拥有政治关系的个人之间形成的隐性政治关系，包括公司高管曾经或者当时在政府部门(或国会)任职，通过选举捐款获得的关系等，但不包含因政府持股而形成的关系。王力军和童盼(2008)等将政治关联定义为，企业与政府部门或者拥有政治权利的个人之间形成的较为特殊的政企关系，政治关联表现为高层管理人员以及大股东有政府部门任职经历，通过公益事业及人际关系网络建立其与政府的密切关系。余明桂等(2010)将政治关联定义为，企业与拥有政治影响力的个人之间形成政治关系，即如果一家公司的总经理、董事长以及董事等，现任或曾就职于政府、军队，或者是人大代表、政协委员，那么这家公司就属于政治关联公司。

本书借鉴余明桂和潘红波(2008)的思想，将政治关联定义为企业的董事长或总经理，曾任或者现任厅局级以上政府官员、人大代表、政协委员等。本书将政治关联用虚拟变量来表示，存在政治关联为 1，不存在政治关联为 0。政治关联的数据来自国泰安数据库(CSMAR)，并由笔者手工收集整理而成。国泰安数据库从 2008 年开始公布董事长、监事、高级管理人员的个人特征信息，因此，本书的数据样本区间为 2008—2016 年。同时为了探讨董事长关联和总经理关联对企业创新的不同影响，本书用类似方法定义董事长关联和总经理关联。

5.3.1.2　制度

对制度最理想的测度应该是可以量化生产性行为的私人收益和社会收益之间的差距，一个好的制度应该使两者的收益保持一致，但在实际研究中很难找到完美的制度变量，因此，我们必须寻找制度的替代指标。Hall 和 Jones

(1999)将制度质量定义为反腐败指数和贸易开放指数的均值，试图通过多维度测度的方法，准确测度制度质量，这为本书定义制度质量提供了思路。中国制度变迁的进程表明，我国目前的社会主义市场经济制度，始于1978年党的十一届三中全会所确定的改革开放路线，在对内改革和对外开放双重制度利好的激励下，中国经济起飞，经济奇迹得以发生并延续至今，因此，本书从改革和开放两个维度来测度制度指标。

(1)改革指标。改革指标是对从计划经济向市场经济转型的制度质量的测度。改革开放以来，我国改革性制度建设取得巨大成就：农村领域率先实现从人民公社的计划生产体制向家庭联产承包责任制的转变；工商业领域从统产统销的计划经济体制向以价格双轨制为代表的过渡性市场化制度转变，再逐步向市场在资源配置中起决定性作用的市场经济体制转变；行政领域则形成了能够赋予地方政府经济激励的地方分权以及财税分权的机制。本书借鉴邓路等(2014)的做法，选用市场化指数来测度改革指标。《中国分省份市场化指数报告(2016)》详细记录了2008—2014年的市场化指数，且数据间具有年度可对比性。

(2)开放指标。开放指标是对从封闭经济向开放经济转型的制度质量的测度。改革开放以来，我国开放性制度建设不断取得新的成果：在区域性开放制度建设方面，先后建立了以深圳、珠海、汕头、厦门为代表的经济特区制度；以大连、青岛、烟台、福州等为代表的沿海开放城市制度；以长江三角洲、珠江三角洲和闽南三角洲为代表的沿海经济开发区制度；以合肥、南昌、长沙等为代表的内陆开放城市制度；以黑河、珲春、凭祥等为代表的沿边开放城市制度，形成了经济特区——沿海开放城市——沿海经济开放区——内地这样一个逐步推进式的格局。2001年中国加入世界贸易组织，中国全方位参与到国际贸易规则制定。“一带一路”倡议的提出与实施是中国对外开放制度的深入发展。

小岛清最早提出用外贸依存度来测度一国贸易开放指标，并沿用至今，但该方法指标单一，无法全面评价开放性。本书采用了邹薇(2014)中关于开放指标的构造思路，将开放指标分为对内开放指标和对外开放指标，全面反映中国省际开放程度，其中，对内开放指标包括区际市场活跃度、货运密度、客运密度、区际分工度、劳动力流动程度、技术依存度、信息流动性、经济虚拟化、政府对经济的干预、法治环境、区际资金依存度等11项指标，对外开放指标包括进口依存度、出口依存度、外商投资进出口占比、入境旅游人数、旅游收入占比、外商投资企业数占比、外商投资额占比、技术市场成交额占比、引进国外技术合同数占比、引进国外技术合同金额占比、版权引进和输出占比、发表 SCI、ISTP 及 EI 论文数等 12 项指标，详见附录 1。对于开放指标的测度方法，本书借鉴樊纲、王小鲁对市场化指数的测度方法——算术平均法。

最后，制度指标用开放指标和改革指标的平均值来表示。

5.3.1.3　企业创新

企业创新指标可以从研发投入和研发产出两个维度进行测度。蔡地等(2014)用研发决策和研发投资密度作为研发投入的指标，用是否拥有知识产权以及企业拥有知识产权数量的自然对数来衡量研发产出。王晓燕等(2017)以新产品销售额作为企业创新绩效的代理指标，袁建国(2015)等采用公司年度研发支出占期初总资产的比重作为企业创新的测度。本书借鉴温军和冯根福(2012)的做法，采用各公司历年专利申请总数加 1 的自然对数作为企业创新的测度，为了稳健性的需要，本书同时也收集各公司历年发明专利申请量作为企业创新的测度。专利申请总数和发明专利申请量的数据均来自国家知识产权局的专利检索网站。

5.3.1.4　其他控制变量

借鉴袁建国(2015)等的做法，本书确定控制变量为：公司规模(Size)、资本结构(Leverage)、公司市场价值(TobinQ)、现金持有水平(Cash)、资本性支出(Capital)、董事长持股比例(Dir_share)、机构投资者持股(Insti_share)、净资产收益率(ROE)、成长机会(Growth)、固定资产(Tangible)，国有企业(State)等，具体指标构成如表 5-1 所示，控制变量的数据来自国泰安数据库。

表 5-1　**变量描述及定义**

变量	变量描述及定义
Panel　A	企业创新变量
Patent	专利申请总数
Lnpatent	专利申请总数加 1 的对数值
Ipatent	发明专利申请数
Lnipatent	发明专利申请数加 1 的对数值
Panel　B	政治关联变量

续表

变量	变量描述及定义
PC	董事长或总经理是否曾任或现任各级政府官员、人大代表、政协委员，是为1，不是为0
Direct_pc	董事长关联：董事长是否曾任或现任各级政府官员、人大代表、政协委员，是为1，不是为0
CEO_PC	总经理关联：总经理是否曾任或现任各级政府官员、人大代表、政协委员，是为1，不是为0
Panel C	制度变量
Institution	制度：具体定义见上文
Panel D	控制变量
Insti_share	机构投资者持股比例
Direct_share	董事长持股比例
Indep_dirct	独立董事占董事会总人数的比例
TobinQ	公司市场价值：所有者权益和负债市值之和与公司总资产之比
ROE	净资产收益率：公司当期净利润与期初总资产之比
Size	公司规模：公司总资产的对数
Leverage	资本结构：公司总负债与总资产之比
Capital	资本性支出：构建固定资产、无形资产和其他长期资产支付的现金与期初总资产之比
Cash	现金持有水平：公司货币资金与期初总资产之比
Growth	成长机会：过去3年的年平均销售收入增长率，如果公司上市不足3年，则按照实际上市年数计算
Tangible	固定资产：固定资产净值与总资产的比值
State	国有企业：按实际控制人是否为全民所有制企业，是即为国有，记为1，不是即为非国有，记为0
AC	反腐败：2013之前为0，2013年及以后为1

为剔除异常值的影响，本书对模型中所有连续变量进行上下1%水平缩尾处理。

5.3.2 模型的建立

5.3.2.1 政治关联与企业创新

为了探讨政治关联与企业创新之间的关系，本书借鉴经典CD生产函数的形式，将计量模型设定如下：

$$\mathrm{R\&D}_{ijt} = \beta_0 + \beta_1 \mathrm{PC}_{ijt} + \beta_2 X_{ijt} + \varepsilon_i + \delta_j + \gamma_t + \eta_{ijt} \tag{5.1}$$

其中，i 表示个体，j 表示行业，t 为时间。R&D表示企业创新绩效，PC表示政治关联，X_{ijt} 表示控制变量，ε_i 表示个体效应，δ_j 为行业效应，γ_t 为时间效应，η_{ijt} 为随机误差项，假设其服从均值为0，方差有限的正态分布。同时，出于稳健性的考虑，本书还使用面板泊松回归模型和面板负二项回归模型。

5.3.2.2 制度和政治关联

为了研究制度和政治关联之间是替代效应还是挤出效应，本书借鉴张豪等(2017)的做法，将计量模型设置如下：

$$\mathrm{R\&D}_{ijt} = \beta_0 + \beta_1 \mathrm{PC}_{ijt} + \beta_2 \mathrm{Institution}_{ijt} + \beta_3 PC_{ijt} \times \mathrm{Institution}_{ijt} + \beta_4 X_{ijt} + \varepsilon_i + \delta_j + \gamma_t + \eta_{ijt} \tag{5.2}$$

其中，i 表示个体，j 表示行业，t 为时间。$\mathrm{Institution}_{ijt}$ 为制度，值越大代表制度质量越高。$\mathrm{PC}_{ijt} \times \mathrm{Institution}_{ijt}$ 是制度与政治关联的交叉项，表示制度与政治关联的协同效应。如果系数为正，说明政治关联对制度产生替代效应，制度质量低下；系数若为负，说明制度与政治关联之间存在挤出效应，制度质量较高。

反腐败作为典型的制度建设，其计量模型可以借鉴(5.2)式的构造方法，设置如下：

$$\mathrm{R\&D}_{ijt} = \beta_0 + \beta_1 \mathrm{PC}_{ijt} + \beta_2 \mathrm{AC}_{ijt} + \beta_3 \mathrm{PC}_{ijt} \times \mathrm{AC}_{ijt} + \beta_4 X_{ijt} + \varepsilon_i + \delta_j + \gamma_t + \eta_{ijt} \tag{5.3}$$

5.4 实证分析

5.4.1 描述性统计分析

5.4.1.1 政治关联的描述性统计

为了解政治关联企业的动态发展变化，本节将历年政治关联企业的数量和比例进行统计，如图 5-1 和表 5-2 所示。

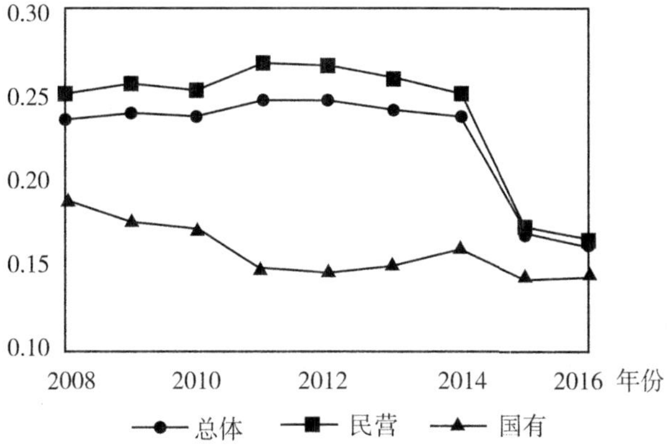

图 5-1 历年上市企业政治关联动态分析图

表 5-2 **政治关联企业历年动态分布表**

年度	上市企业总数			政治关联企业总数			政治关联企业比例		
	总数	民营	国有	总数	民营	国有	总数	民营	国有
2008	1714	1306	408	403	326	77	0.24	0.25	0.19
2009	1864	1461	403	445	374	71	0.24	0.26	0.18
2010	2216	1798	418	526	454	72	0.24	0.25	0.17
2011	2453	2028	425	607	544	63	0.25	0.27	0.15
2012	2580	2127	453	632	565	67	0.24	0.27	0.15
2013	2624	2204	420	633	570	63	0.24	0.26	0.15
2014	2736	2319	417	648	581	67	0.24	0.25	0.16
2015	2930	2487	443	494	430	64	0.17	0.17	0.14
2016	3222	2771	451	522	456	66	0.16	0.16	0.15

由表 5-2 和图 5-1 可知，2008—2016 年，上市企业总数从 2008 年的 1714 家增长到 2016 年的 3222 家，几乎增长一倍。增长主要来自民营上市企业，国有企业增长幅度不大。从全体上市企业看，在 2014 年之前，具有政治关联的上市企业占上市企业比例非常稳定，保持在 24%左右，但从 2014 年之后出现断崖式下降。进一步分析发现，从上市企业性质看，国有上市企业中，政治关

联企业的比例最高为 2008 年的 19%，最低为 2015 年的 14%，整体趋势表现为稳中有降，但是降幅有限。民营上市企业则表现出明显的差异，在 2008—2014 年间，具有政治关联的民营企业比例较为平稳，保持在 25%~27%，这个结论与袁建国等(2015)的研究结论基本一致。但在 2014 年之后，民营企业中有政治关联的比例则呈现出断崖式下跌。因此，有政治关联的民营企业占比下降是造成有政治关联的上市企业占比下降的主要因素。这一现象产生的主要原因是，第一，2013 年 10 月，中共中央组织部下发了《关于进一步规范党政领导干部在企业兼职(任职)问题的意见》(后文简称《意见》)，该《意见》完善党政领导干部在企业兼职(任职)的管理制度，体现从严管理干部的要求。为了响应中共中央的反腐败政策，在 2013 年 10 月至 2014 年 7 月，全国共清理党政领导干部在企业兼职 40700 人次，其中省部级干部 229 人次(党力等，2015)，政策效果立竿见影；第二，企业发展的内生需求。政治关联的建立和维护对企业发展可能产生阻碍作用，因此，企业出于长期发展的需要，会主动减少政治关联。

5. 4. 1. 2　其他变量的统计性描述

从样本量看，本研究共收集到 13099 个样本，样本量很大，涵盖了 2008—2016 年信息完整的所有上市企业。报告最少的是制度，其原因在于，本研究构建的制度指标的样本区间为 2008—2014 年，无法覆盖到 2015 年和 2016 年。为了弥补这部分损失，本研究将采用其他替代办法来解决此问题。

由表 5-3 可知，每个上市企业平均有近 52 个专利申请，上市企业的创新意愿强烈。标准差为 271 个，这表明不同公司的创新绩效存在巨大差异。在申请专利的公司中，美的集团在 2015 年共申请专利 10892 项，创造中国企业的历史记录，其中，发明专利 4360 项，实用新型专利 6032 项，外观设计专利 500 项，展现出我国企业在创新领域的强大实力，同时也发现在 13099 个样本中，25. 2%的样本专利申请为零，企业创新绩效两极分化现象严重。类似的，发明专利申请也存在相同的规律。

表 5-3　　　　**变量的统计性描述**

Var	Obs	Mean	Std	Min	Max
Lnpatent	13099	2. 339	1. 669	0	9. 296
Lnipatent	13099	1. 601	1. 458	0	8. 638

续表

Var	Obs	Mean	Std	Min	Max
Patent	13099	51. 945	271. 491	0	10892
Ipatent	13099	23. 639	166. 749	0	5643
PC	13099	0. 228	0. 419	0	1
Institution	9093	0. 546	0. 154	0	0. 837
Direct_PC	13099	0. 184	0. 387	0	1
CEO_PC	13099	0. 108	0. 311	0	1
Insti_share	13099	0. 057	0. 088	0	0. 549
Direct_share	13099	0. 066	0. 131	0	0. 131
Indep_dirct	13099	0. 356	0. 356	0	0. 571
TobinQ	13099	2. 817	2. 217	0. 896	14. 143
ROE	13099	0. 065	0. 141	-0. 756	0. 489
Size	13099	21. 929	1. 428	18. 878	26. 873
Leverage	13099	0. 456	0. 233	0. 046	1. 145
Capital	13099	0. 061	0. 073	0	0. 406
Cash	13099	0. 215	0. 220	0	1. 400
Growth	13099	0. 306	0. 925	-0. 350	7. 774
Tangible	13099	0. 226	0. 174	0. 002	0. 735
State	13099	0. 128	0. 334	0	1

从政治关联、制度质量和其他的控制变量的统计性描述看，大多数变量也呈现出离散程度较高的现象，它们共同造成企业间创新绩效的两极分化现象。

5.4.1.3 政治关联与企业创新

政治关联对企业创新是否有影响？本节将上市企业分成两部分——政治关联企业和无政治关联企业，探讨不同企业在创新绩效和其他变量上的异同。

在专利申请总数(Patent)上，无政治关联企业平均值为 53. 870 件，政治关联企业平均值为 45. 193 件，无政治关联企业比政治关联企业的专利申请数量多，而且在 5%的置信水平下显著(见表 5-4)。同样的情况出现在了专利申请总数的对数值上。这说明政治关联对企业创新绩效具有系统性影响。

表 5-4　　在有政治关联和无政治关联两个组中各变量的 T 检验

变量	PC=0	PC=1	T 统计量
Patent	53.870	45.193	8.677**
Lnpatent	2.355	2.287	0.068**
State	0.133	0.109	0.024***
Leverage	0.453	0.453	0.000***
Direct_share	0.068	0.065	0.003**
Indep_dirct	0.369	0.366	0.003***
TobinQ	2.889	2.574	0.325***
ROE	0.062	0.075	-0.013***
Size	21.874	22.053	-0.179***
Cash	0.217	0.210	0.007**
Growth	0.301	0.322	-0.021
Tangible	0.225	0.228	-0.003
Insti_share	0.0593	0.058	0.001

注：** 表示显著性水平为 5%，*** 表示显著性水平为 1%。

值得注意的是，如图 5-2 所示，政治关联企业和无政治关联企业，在专利申请上均具有两个峰值，政治关联企业的第一个峰值出现在 1，而无政治关联企业出现在 0，这表明，上市企业因为政治关联而获得研发补助或者税收优惠，可能出于维持企业形象等原因会被迫增加研发投入(彭红星和毛新述，2017)，从事研发，因此，出现较多公司只有 1 项专利申请的情况，以应付政府监管。无政治关联企业，很难获取相关资源，也没有从事研发的压力，因此，较多无政治关联上市企业的年度专利申请量为 0。在第二个峰值上，较之于政治关联企业，无政治关联企业的峰值更大，概率密度也更大，这表明，无政治关联企业的研发能力更强。总的来说，与政治关联企业相比，无政治关联企业在研发绩效上具有更明显的两极分化现象。

由表 5-4 还可知，在有政治关联和无政治关联的两组样本中，董事长持股比例(Direct_share)、独立董事比例(Indep_dirct)、公司市场价值(Tobinq)、净资产收益率(ROE)、公司规模(Size)、资本结构(Leverage)、是否国有(State)、现金持有水平(Cash)的差异非常显著，但机构投资者持股比例(Insti_share)、成长机会(Growth)、固定资产(Tangible)的差异并不显著。

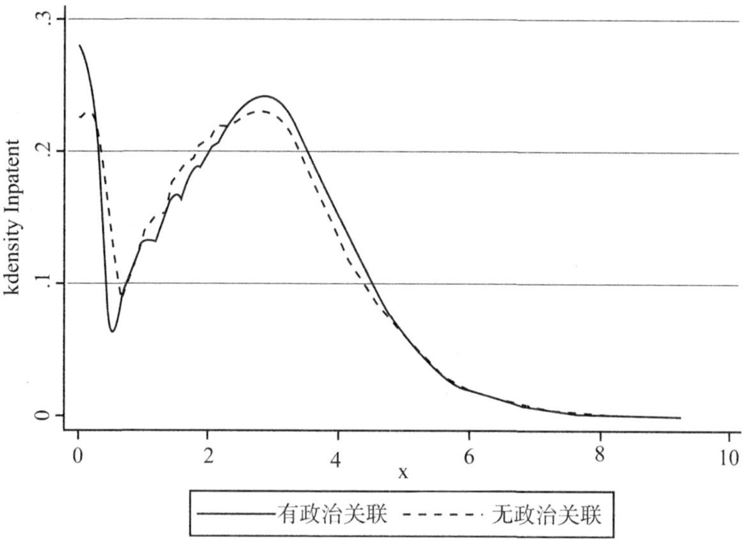

图 5-2 有无政治关联与企业专利申请的核密度关系图

5.4.2 政治关联是企业创新的“掠夺之手”

政治关联对企业创新是“帮助之手”还是“掠夺之手”？本研究可以用 2008—2016 年的上市企业的微观数据，来讨论政治关联与企业创新之间的关系。

5.4.2.1 政治关联与企业创新

如表 5-5 所示，作为基准模型，模型(1)采用普通最小二乘法(OLS)进行回归，结论显示，政治关联显著地阻碍企业创新。

表 5-5 政治关联与企业创新的实证研究

Lnpatent	(1) OLS	(2) FE	(3) IV
PC	-0.142^{***}	-0.0699^{*}	-0.0747^{*}
	(-4.12)	(-1.89)	(-1.92)
Insti_share	0.1300	-0.3771	-0.4720^{*}
	(0.83)	(-1.39)	(-1.72)

续表

Lnpatent	(1) OLS	(2) FE	(3) IV
Direct_share	1.8866***	-0.3162	-0.3756
	(13.98)	(-0.99)	(-1.14)
Indep_dirct	0.5273**	0.0552	0.1073
	(2.16)	(0.23)	(0.41)
TobinQ	-0.0151*	-0.0199**	-0.0150
	(-1.87)	(-2.04)	(-1.49)
ROE	0.3820***	0.0546	-0.0394
	(3.70)	(0.74)	(-0.48)
Size	0.4134***	0.3950***	0.4071***
	(32.24)	(9.05)	(8.75)
Leverage	-0.861***	-0.2189	-0.2638*
	(-11.45)	(-1.63)	(-1.90)
Capital	1.6214***	0.2322	0.2558
	(7.15)	(1.22)	(1.28)
Cash	0.0329	-0.1311*	-0.1241
	(0.38)	(-1.76)	(-1.63)
Growth	-0.152***	0.0156	0.0170
	(-8.18)	(0.68)	(0.71)
Tangible	-0.756***	0.1090	0.1085
	(-7.95)	(0.61)	(0.58)
State	0.1672***	0.0089	0.0097
	(4.07)	(0.13)	(0.14)
Constant	-0.114***	-6.938***	-7.081***
	(-4.02)	(-7.09)	(-6.70)
Individual	No	Yes	Yes
Time	No	Yes	Yes

续表

Lnpatent	(1) OLS	(2) FE	(3) IV
Industry	No	Yes	Yes
Observations	13099	13099	12179
R-squared	0.1276	0.1439	0.1180

注：* 表示显著性水平为 10%，** 表示显著性水平为 5%，*** 表示显著性水平为 1%。括号内为系数的 t 值。

5.4.2.2 内生性

模型(1)的问题在于，政治关联可能存在内生性。产生内生性的第一个原因是遗漏重要变量。遗漏的变量如果和已有的解释变量之间不相关，那么遗漏变量会增大扰动项的方差，从而影响解释变量的精确度。如果遗漏变量和解释变量之间存在相关性，那么，根据大样本理论，OLS 得到的不再是一致估计。为了解决这个问题，本研究使用面板数据双向固定效应的方法。这种方法是一种广义的双重差分估计模型(聂辉华等，2009；周黎安和陈烨，2005)，两者估计原理一致，此方法在识别处理效应时，同时控制样本的时间变异和横截面变异，进而能控制住不随时间变化，同时又无法观察的企业异质性。与此同时，本研究对行业也进行控制，控制与行业相关的异质性信息，这些都能在一定程度上缓解遗漏变量导致的偏误问题，得到模型(2)。从结论中发现，政治关联显著地阻碍企业创新，相比无政治关联企业，政治关联企业平均少申请专利 0.07%。与模型(1)相比，系数的降低使得政治关联对企业创新的阻碍效应更切合实际。

造成内生性的第二个原因是存在反向因果关系。如果企业预期包括创新在内的企业绩效变差，那么，企业就会主动寻求政治关联，以便在企业补贴、银行信贷以及行业政策方面获取便利，以弥补企业在未来预期绩效的不足，并帮助企业树立市场地位，有利于企业扩大生产。同时，已经获得政治关联的企业，因为已经获得各种行政和市场上的特殊权利，并将更多的资源投入政治关联关系的维护上，减少企业在创新上的激励，从而减少企业创新。为了克服这种反向因果关系带来的内生性问题，本研究使用工具变量法，工具变量为滞后一期的政治关联，得到模型(3)。由模型(3)发现，政治关联显著地阻碍企业创新。

这些结论均证实政治关联是企业创新的“掠夺之手”，也证实政治资源具有“资源诅咒”效应(袁建国等，2015)。

5.4.2.3　稳健性

为了检验上述结论的稳健性，本研究做了如下稳健性检验，结果如表 5-6 所示。

表 5-6　政治关联与企业创新的稳健性检验

	(4)	(5)	(6)	(7)	(8)
	Lnipatent	Patent	Ipatent	Possion	NB
PC	-0.0631*	-15.4870***	-10.7995***	-0.0306*	-0.0549***
	(-1.95)	(-2.69)	(-2.87)	(-1.94)	(-3.66)
Insti_share	-0.3079	-112.8475***	-76.9514***	-0.1704	0.1278**
	(-1.46)	(-4.34)	(-4.54)	(-1.48)	(1.98)
direct_shar	-0.2871	45.0302**	24.0350	0.0028	0.6647***
	(-1.02)	(1.97)	(1.61)	(0.02)	(11.98)
Indep_dirct	0.1773	71.1790*	3.6157	0.2491**	0.1375
	(0.90)	(1.75)	(0.14)	(2.25)	(1.30)
TobinQ	-0.0039	11.2473***	7.0473***	-0.0058	-0.0309***
	(-0.48)	(7.72)	(7.41)	(-1.30)	(-7.26)
ROE	0.0502	8.0092	-9.2772	0.0247	0.3265***
	(0.88)	(0.46)	(-0.82)	(0.54)	(6.24)
Size	0.378***	67.8148***	37.2533***	0.2652***	0.1451***
	(10.17)	(29.28)	(24.66)	(19.28)	(25.37)
Leverage	-0.1389	-40.8344***	-28.4064***	-0.2403***	-0.3779***
	(-1.24)	(-3.19)	(-3.40)	(-3.30)	(-10.76)
Capital	0.1609	60.4963	55.0083**	-0.0404	0.8656***
	(0.95)	(1.59)	(2.22)	(-0.47)	(9.15)

续表

	(4) Lnipatent	(5) Patent	(6) Ipatent	(7) Possion	(8) NB
Cash	-0.1100*	4.4431	-1.0438	-0.0912**	0.0413
	(-1.67)	(0.31)	(-0.11)	(-2.51)	(1.12)
Growth	-0.0003	-11.7810***	-5.8448***	0.0111	-0.0791***
	(-0.02)	(-3.81)	(-2.89)	(0.67)	(-8.14)
Tangible	0.0229	-52.39***	-27.91***	-0.0551	-0.318***
	(0.15)	(-3.30)	(-2.70)	(-0.58)	(-7.61)
State	0.0305	21.67***	18.6627***	-0.0148	0.0828***
	(0.54)	(3.17)	(4.19)	(-0.47)	(4.73)
Constant	-7.338***	-1,448.5***	-783.170***		-2.451***
	(-8.82)	(-28.41)	(-23.55)		(-19.33)
Individual	Yes				Yes
Time	Yes	Yes	Yes	Yes	
Industry	Yes			Yes	
Observations	13099	13099	13099	12331	13099
R-squared	0.1559	0.0823	0.0569		

注：* 表示显著性水平为 10%，** 表示显著性水平为 5%，*** 表示显著性水平为 1%。括号内为系数的 t 值。

第一，变换因变量。本节将发明专利申请量加 1 的对数值，以及专利申请总量和发明专利数作为企业创新的替代变量，得到模型(4)~(6)，通过分析发现，政治关联显著地阻碍企业创新，结论稳健。

第二，变换方法。Cameron 和 Trivedi(2005)认为，企业申请专利总数服从泊松分布，因此本研究采用面板泊松回归方法，得到模型(7)。同时，为了克服样本可能存在的过度分散问题，本研究继续使用面板负二项回归方法，得到模型(8)。由模型(7)~(8)的结论知，政治关联显著地抑制企业创新，结论稳健。

由以上分析可知，假设 1 成立。

5.4.2.4　进一步研究

根据定义，政治关联有两个来源，一个来自董事长，称为董事长关联，另一个来自总经理，称为总经理关联。如表 5-7 所示，由模型(9)~(11)知，无论是董事长关联还是总经理关联，对企业创新均有抑制作用，但是董事长关联的抑制作用不显著，而总经理关联对企业创新的抑制作用显著(见表 5-7)。总经理作为企业高级管理人员，他们擅长企业管理和人际交往、情商高、识时务、触觉敏锐(王霞，2017)。总经理由董事长任命，并可能为其构筑职位壕沟(Li 和 Zhang，2008)。从代理理论分析，经理层存在机会主义和败德行为，为了追逐私人收益的最大化，采取背离股东利益或者公司长期收益的行为，构建自己的“帝国”，增加代理成本和运行成本，不利于企业创新和绩效的提高(游家兴等，2010；李维安和徐业坤，2012)。

表 5-7　　**董事长关联与总经理关联、国有与民营的分析结论**

	(9)	(10)	(11)	(12)	(13)
VARIABLES	Lnpatent	Lnpatent	Lnpatent	国有	民营
Direct_PC	-0.0285		-0.0142		
	(-0.72)		(-0.35)		
CEO_PC		-0.0905*	-0.0866*		
		(-1.84)	(-1.71)		
PC				-0.0787	-0.0660*
				(-0.90)	(-1.66)
Insti_share	-0.3699	-0.3682	-0.3696	-1.1182	-0.1769
	(-1.37)	(-1.36)	(-1.36)	(-1.34)	(-0.68)
Direct_share	-0.3314	-0.3251	-0.3218	-5.4388***	-0.4182
	(-1.03)	(-1.01)	(-1.00)	(-2.89)	(-1.30)
Indep_dirct	0.0628	0.0566	0.0556	0.3281	0.0644
	(0.27)	(0.24)	(0.23)	(0.48)	(0.25)
TobinQ	-0.0197**	-0.0199**	-0.0200**	-0.0093	-0.0181*
	(-2.01)	(-2.04)	(-2.04)	(-0.35)	(-1.73)

续表

VARIABLES	(9) Lnpatent	(10) Lnpatent	(11) Lnpatent	(12) 国有	(13) 民营
ROE	0.0536	0.0546	0.0547	0.0449	0.0723
	(0.73)	(0.74)	(0.74)	(0.26)	(0.89)
Size	0.3937***	0.3941***	0.3944***	0.5635***	0.4076***
	(9.03)	(9.03)	(9.03)	(4.88)	(8.57)
Leverage	-0.2160	-0.2182	-0.2184	0.3737	-0.3326**
	(-1.61)	(-1.62)	(-1.63)	(0.95)	(-2.41)
Capital	0.2330	0.2347	0.2343	-0.1283	0.3295
	(1.22)	(1.23)	(1.23)	(-0.26)	(1.54)
Cash	-0.1299*	-0.1305*	-0.1308*	-0.1600	-0.1518*
	(-1.74)	(-1.75)	(-1.76)	(-0.83)	(-1.89)
Growth	0.0160	0.0154	0.0155	-0.0944	0.0161
	(0.70)	(0.67)	(0.68)	(-0.85)	(0.68)
Tangible	0.1086	0.1071	0.1073	0.1172	0.1762
	(0.60)	(0.60)	(0.60)	(0.29)	(0.90)
Constant	-6.9221***	-6.9276***	-6.9311***	-10.8887***	-7.1682***
	(-7.08)	(-7.07)	(-7.07)	(-4.10)	(-6.76)
Individual	Yes	Yes	Yes	Yes	Yes
Time	Yes	Yes	Yes	Yes	Yes
Industry	Yes	Yes	Yes	Yes	Yes
Observations	13099	13099	13099	1944	11155
R-squared	0.1435	0.1438	0.1438	0.2380	0.1347

注：* 表示显著性水平为 10%，** 表示显著性水平为 5%，*** 表示显著性水平为 1%。括号内为系数的 t 值。

模型(12)和模型(13)分别考察国有企业和民营企业中，政治关联对企业创新的影响，研究结论显示，政治关联对国有企业创新具有不显著地抑制作用，对民营企业创新具有显著地抑制作用。国有企业和民营企业与政府建立政治关联的途径是不相同的，国有企业由政府任命，因此与政治关联具有天然的联系，但是民营企业想取得政治关联，就必须主动进行政治参与或者聘任政府官员。从成本来说，相对于国有企业来说，民营企业必须花费更多的时间和资金维系政治关联关系，这扭曲了民营企业的资金配置结构，减少民营企业的创新激励，抑制民营企业的创新绩效。

5. 4. 3　制度与政治关联的“替代效应”

如表 5-8 所示，由模型(14)可知，制度促进企业创新，制度质量每改善 1%，促进企业创新绩效增加 2. 66%。在增加政治关联因素之后，得到模型(15)，由模型(15)可知，制度促进企业创新，政治关联抑制企业创新，并使其绩效减少 0. 14%，相较于模型(2)，模型(15)系数变大，t 值增加，这说明，在考虑制度因素的情况下，政治关联对企业创新的抑制作用更加显著，政治关联成为制约企业创新的重要因素。在添加政治关联和制度的交叉项之后，得到模型(16)。由模型(16)可知，在企业创新的视角下，制度和政治关联产生正向协同效应，促进了企业创新，即制度与政治关联形成了替代关系，但这种关系并不显著，本研究结论与田利辉和张伟(2013)的观点相一致，他们同样发现，以市场化水平、政府干预程度和法治化水平为代表的制度与政治关联之间存在不显著的替代关系。这种现象产生的原因是，第一，制度质量整体低下，政治关联作为非正式制度，对企业创新起到“润滑剂”作用，与整体质量低下的制度形成替代关系。第二，制度质量的逐步提高，其本身所具有的资源、信息及保护效应可以极大程度地替代政治关联的声誉效应，同时增加寻求政治关联的成本，减少了对企业寻求政治关联的激励，促进企业配置更多资金给研发部门，从而对企业研发产生更大激励。

表 5-8　　**制度与政治关联的实证研究**

VAR	(14) Lnpatent	(15) Lnpatent	(16) Lnpatent	(17) 2008—2012
Institution	2. 6607***	2. 6400***	2. 5616***	2. 9355***
	(7. 40)	(7. 31)	(7. 06)	(5. 20)
PC		−0. 1354**	−0. 3168*	−0. 634***
		(−2. 35)	(−1. 71)	(−2. 62)

续表

VAR	(14) Lnpatent	(15) Lnpatent	(16) Lnpatent	(17) 2008—2012
Institution * PC			0.3375	0.8596*
			(1.04)	(1.95)
Insti_share	-0.4620	-0.4812	-0.4867	-0.6714*
	(-1.47)	(-1.54)	(-1.55)	(-1.73)
direct_sh	-0.3472	-0.2565	-0.2290	0.8735
	(-0.69)	(-0.50)	(-0.45)	(1.00)
Indep_dirct	0.4063	0.3856	0.3764	0.2023
	(1.54)	(1.47)	(1.44)	(0.71)
TobinQ	-0.0170	-0.0171	-0.0170	0.0016
	(-1.57)	(-1.58)	(-1.57)	(0.13)
ROE	-0.0089	-0.0052	-0.0062	0.0286
	(-0.10)	(-0.06)	(-0.07)	(0.29)
Size	0.5139***	0.5167***	0.5169***	0.5916***
	(10.71)	(10.73)	(10.71)	(9.09)
Leverage	-0.3029*	-0.3106*	-0.3143*	-0.1788
	(-1.86)	(-1.90)	(-1.93)	(-0.88)
Capital	0.1057	0.1086	0.1050	-0.0324
	(0.51)	(0.53)	(0.51)	(-0.13)
Cash	-0.1617*	-0.1635*	-0.1639*	-0.2249**
	(-1.90)	(-1.93)	(-1.93)	(-2.06)
Growth	0.0110	0.0103	0.0104	-0.0102
	(0.51)	(0.48)	(0.49)	(-0.34)
State	0.0350	0.0358	0.0356	0.0281
	(0.53)	(0.55)	(0.54)	(0.40)
Constant	-10.76***	-10.785***	-10.75***	-12.40***
	(-11.09)	(-11.10)	(-10.98)	(-9.54)

续表

VAR	(14) Lnpatent	(15) Lnpatent	(16) Lnpatent	(17) 2008—2012
Individual	YES	YES	YES	YES
Industry	YES	YES	YES	YES
Observations	9093	9093	9093	5568
R-squared	0. 1236	0. 1248	0. 1250	0. 1075
Individual	YES	YES	YES	YES
Industry	YES	YES	YES	YES

注：* 表示显著性水平为 10%，** 表示显著性水平为 5%，*** 表示显著性水平为 1%。括号内为系数的 t 值。

朱益宏等(2016)使用 2012 年第十次全国大规模私营企业家抽样调查数据发现，制度和政治关联形成显著的替代效应，促进企业创新。同样，俞峰和钟昌标(2017)使用 2008—2011 年中国科技部 400 多家创新企业数据，研究发现制度和政治关联形成显著的替代效应，促进企业创新。这些观点与本研究的观点并不完全一致，为此，本研究也使用 2008—2012 年的数据进行研究，得到模型(17)，结果表明，制度和政治关联同样产生显著的替代效应。产生这种变化的原因是党的十八大以来，中国制定以及改进了大量的法律法规，弥补法律漏洞，同时大力推进反腐败，加大执法力度，全面提升制度质量，使得制度对经济增长的促进作用加强，而政治关联对正式制度的替代和补充作用在变弱。因此，在动态视角下，随着中国制度质量的提升，以政治关联为代表的非正式制度与正式制度之间的替代效应在变弱。

由以上分析可知，假设 2 的结论成立。

5. 4. 4　反腐败与政治关联

从 2013 年开始，中共中央开始推进党风廉政建设和反腐败斗争，坚持“老虎”“苍蝇”一起打，严查腐败分子，坚持无禁区、全覆盖、零容忍，推进反腐倡廉制度化、规范化。反腐败是典型的制度建设，它便于营造一个有利于生产的制度环境，促进国家制度质量的提高，因此，本研究引入反腐败来讨论制度、政治关联和企业创新的关系。一方面，这是对制度和政治关联之间不显著的替代关系的稳健性检验，另一方面，引进反腐败变量后，可以充分利用样本信息。上一节中，制度变量的时间区间为2008—2014年，2015年和2016年的数据没有得到充分利用，这种做法使得研究可能存在样本的选择性偏误问题。因此，反腐败变量的引入可以解决这一问题。本书假设2013—2015年，反腐败力度加强，令为1，2008—2013年，反腐力度相对较弱，令为0。

如表5-9所示，通过模型(18)可知，制度建设的重要措施——反腐败，显著地促进企业创新。通过模型(19)可知，在增加反腐败变量之后，政治关联阻碍企业创新，同时系数较模型(2)大，因此，在考虑制度的情况下，政治关联对企业创新产生显著的抑制作用。通过模型(20)可知，反腐败和政治关联的交叉项对企业创新有促进作用，但并不显著，这说明以反腐败为代表的制度建设和政治关联之间存在不显著的替代关系，这些结果均印证了上一节结论的稳健性。

表5-9　**反腐败与政治关联的实证研究**

VARIABLES	(18) Lnpatent	(19) Lnpatent	(20) Lnpatent
AC	0.1912***	0.1892***	0.1856***
	(6.80)	(6.71)	(6.04)
PC		-0.0779**	-0.0874*
		(-2.10)	(-1.71)
AC * PC			0.0164
			(0.33)
Insti_share	-0.5180*	-0.5284**	-0.5277**
	(-1.93)	(-1.97)	(-1.96)
Direct_share	-0.2323	-0.2079	-0.2063
	(-0.73)	(-0.65)	(-0.65)
Indep_dirct	0.3392	0.3265	0.3258
	(1.43)	(1.38)	(1.38)
TobinQ	-0.0096	-0.0106	-0.0104
	(-1.22)	(-1.33)	(-1.32)

续表

VARIABLES	(18) Lnpatent	(19) Lnpatent	(20) Lnpatent
ROE	0.0439	0.0466	0.0461
	(0.60)	(0.63)	(0.63)
Size	0.5035***	0.5023***	0.5025***
	(13.81)	(13.78)	(13.79)
Leverage	-0.2745**	-0.2755**	-0.2761**
	(-2.03)	(-2.04)	(-2.04)
Capital	0.0967	0.1015	0.1015
	(0.53)	(0.55)	(0.55)
Cash	-0.1728**	-0.1737**	-0.1735**
	(-2.35)	(-2.37)	(-2.37)
Growth	0.0053	0.0052	0.0053
	(0.23)	(0.22)	(0.23)
State	0.0124	0.0119	0.0113
	(0.18)	(0.18)	(0.17)
Constant	-9.1760***	-9.1304***	-9.1315***
	(-11.16)	(-11.11)	(-11.12)
Individual	YES	YES	YES
Industry	YES	YES	YES
Observations	13101	13099	13099
R-squared	0.1266	0.1271	0.1271

注：* 表示显著性水平为 10%，** 表示显著性水平为 5%，*** 表示显著性水平为 1%。括号内为系数的 t 值。

5.5　本章小结

本研究使用 2008—2016 年中国全体上市企业的微观数据，在政治关联的视角下，进行制度质量、政治关联与企业创新的关系研究。

第一，通过统计分析和核密度图观察发现，相比政治关联企业，无政治关联企业在企业创新绩效上，存在更加严重的两极分化现象。

第二，通过实证研究发现，相比无政治关联企业，政治关联企业的创新绩效少 0.07%，政治关联显著地抑制企业创新，扮演着"掠夺之手"的角色。通过广义双重差分法和工具变量法控制内生性，使用更换因变量的替代指标、使用其他计量方法等方式进行稳健性检验发现，上述结论稳健。

第三，进一步地研究发现，董事长关联不显著地抑制企业创新，而总经理关联则显著地抑制企业创新；国有企业中，政治关联对企业创新的抑制作用不显著，但在民营企业中，政治关联显著地抑制企业创新。

第四，在制度与政治关联的关系研究中发现，制度显著地促进企业创新，政治关联和制度形成不显著的替代效应，促进企业创新；同时也发现，随着制度质量的提升，这种替代效应在逐渐减弱。反腐败作为制度建设的典型形式，显著地促进企业创新；在现有制度环境下，反腐败与政治关联形成不显著的正向协同效应，促进企业创新。

根据本书的研究成果可提供如下政策建议：第一，对于政府部门，应该努力扫除制约企业创新的制度障碍，努力营造鼓励企业创新的制度环境和激励结构；第二，对于企业来说，在制度环境优化的情况下，企业应该及时转变利用政治关联获取资源的想法，积极依靠自身盈利能力和研发能力，来抢占市场，获取商机；第三，对公司治理来说，应该建立更有效的公司高管激励机制，处理好总经理与长短期企业绩效之间关系的问题。

第 6 章　主要结论和政策建议

6.1　主要结论

6.1.1　基于省域制度质量视角的研究

本研究首先进行发展水平核算，将人均产出分解成物质资本、人力资本、全要素生产率三大因素，利用 1978—2014 年的省际数据，探讨经济增长的主要动力。实证结果显示，全要素生产率对地区经济差异的贡献为 60%~70%，而物质资本的贡献为 20%~30%，人力资本的贡献为 10%左右，因此，全要素生产率是地区人均产出差异的主要原因，也是影响中国经济增长最主要的直接动力。其次，本研究从改革和开放两个维度构造新的制度指标，并讨论制度与人均产出的关系，实证研究发现，省域制度质量的提升，才是中国经济奇迹发生的根本动力，制度每改善 1%，促进经济增长 2.81%，通过控制内生性和稳健性分析后发现，研究结论稳健。最后，本研究对制度影响中国经济的三种机制——物质资本、人力资本、全要素生产率进行分析，分析发现，制度每改善 1%，促进 TFP 平均增长 1.38%，物质资本增长 0.85%，人力资本增长 0.45%，制度主要通过促进全要素生产率，继而促进经济增长，因此，全要素生产率是制度促进经济增长的主要机制。

6.1.2　基于天赋配置视角的研究

第一，通过实证分析发现，在 1992—2000 年，天赋的非生产性配置显著地抑制经济增长，非生产性配置每增加 1%，抑制经济增长 2.70%，在 2001—2014 年，天赋的非生产性配置对经济增长的抑制效应在增强，其抑制效应增大至 3.55%。在 1992—2000 年，生产性配置显著地促进经济增长，生产性配置每增加 1%，促进经济增长 4.04%，在 2001—2014 年，生产性配置对经济增长的促进效应在减少，其促进效应下降到 1.34%。同时还发现，非生产性配置对经济增长的抑制效应和生产性配置对经济增长的促进效应，均存在区域差异性。

第二，通过异质性分析发现，1992—2000年和2001—2014年，无论是全国层面还是区域层面，个体配置和私营配置均显著地促进经济增长。对公务员配置，1992—2000年，不论是全国层面还是区域层面，公务员配置均显著地抑制经济增长。2001—2014年，从全国层面，公务员配置不显著地促进经济增长。其中，东部和西部显著地抑制经济增长，而中部地区显著地促进经济增长。

第三，经中介效应分析知，制度质量的提升促使生产性配置的中介效应显著提高，并成为促进经济增长的重要途径，2008—2014年，生产性配置对经济增长的贡献为14.1%。相反，制度质量的提升弱化非生产性配置的抑制作用，从2001—2007年的11.5%降至2008—2014年的2.21%，且不再显著。同时，制度质量的提升促使个体配置和私营配置的中介效应得到显著加强，也成为促进经济增长的重要途径，2008—2014年，其对经济增长的贡献分别达到9.95%和7.00%。同时也发现，制度质量提升对公务员配置的改善程度有限。

6.1.3 基于政治关联视角的研究

本研究使用2008—2016年中国上市企业的数据，在企业创新的视角下，讨论制度、政治关联与企业创新的关系。通过研究发现，相比政治关联企业，无政治关联企业在企业创新上，两极分化现象更加严重；相比无政治关联企业，政治关联企业的创新绩效少0.07%，政治关联显著地抑制企业创新，扮演着“掠夺之手”的角色；进一步研究发现，董事长关联不显著地抑制企业创新，而总经理关联则显著地抑制企业创新；国有企业中，政治关联对企业创新的抑制作用不显著，但在民营企业中，政治关联显著地抑制企业创新；通过制度与政治关联的关系研究发现，制度显著地促进企业创新，政治关联和制度形成不显著的替代效应，促进企业创新；同时也发现，随着制度质量的提升，这种替代效应在逐渐减弱；反腐败作为制度建设的一种形式，显著地促进企业创新，与政治关联形成正向协同效应，但对企业创新的促进作用不显著。

6.2 政策建议

本书的研究成果为促进我国制度建设，区域协调发展，经济动能转换，建设高质量经济，企业创新与企业发展战略的转变，提供了以下政策启示：

6.2.1　深化制度改革，提升制度质量

本书通过实证研究发现，制度质量的提升是中国经济增长的根本动力，因此，中国经济若想持续、健康发展，就必须完善社会主义市场经济体制，让市场在资源配置中发挥决定性作用，深化制度改革，进一步对内改革，对外开放，提升制度质量。可以从以下几个方面进行改进。

第一，推动重大基础性改革落地。落实完善产权保护政策，严厉打击侵权行为，建立黑名单制度，剖析产权保护典型案例，推广产权保护经验。营造健康的创新创业环境，出台相关配套政策，弘扬企业家精神，发挥企业家影响，调动企业的积极性、创造性和主动性。积极探索各种实验区建设，推广经济改革经验，深入改革开放。

第二，深化“放管服”改革。政府部门需要加大简政放权的力度，推进政府权力清单制度，规范公共服务和中介服务。顺应时代发展要求，积极对接国家“智慧城市”建设，推进政务系统整合共享，实现政务公开，实现网上办公，推动公共服务数据化、网络化、简单化。

第三，深化要素市场化改革。完善市场准入制度，让条件合适的企业进入市场，参与竞争，提高要素的使用效率。加快企业承诺制度，建立健全市场监管规则，创新监督方式，优化监督平台，提高公共资源的配置效率和经济收益。

第四，统筹推进其他领域改革。制定垄断行业开放细则，建立垄断行业开放时间表，并提供相关资金支持政策，促进天然气、电力、医疗服务、水务、铁路货运等领域行业的价格改革。

第五，东部地区急需进一步改革开放，扭转区域政策对经济发展的掣肘，加大东部地区制度建设经验向中部地区的推广力度，持续提升我国中西部地区的制度质量，释放制度红利。

要坚持以改革开放为代表的制度建设不动摇，通过深化改革破解发展难题，在扩大开放中赢得发展机遇。

6.2.2　重新审视经济发展模式，实现新旧动能转换

我国应尽快从以物质资本投入为主的经济增长模式，转向基于制度质量提升、带动全要素生产率增长的经济增长模式，以实现新旧动能转换，从而实现经济由高速增长转向高质量发展的转变。可以从以下方面进行改进。

第一，培育新动能市场主体。积极响应国家创新创业的号召，全面落实国

家双创优惠政策，制定地方落地实施细则，支持具有敏锐市场嗅觉、具备经营本领的人率先创业，支持大专院校、研究机构等人员利用自身知识背景和技术特长大胆创业，支持大中专学生转换择业观点、自主创业。支持农村进城务工人员、下岗职工，利用一技之长回乡创业，振兴乡村。同时政府应组织开展创业技能、经营管理方面的知识培训，培育新动能市场主体。

第二，引导企业发展“精专新特”。鼓励中小企业创业，并走精细化、专业化、创新化、特色化的发展道路。企业应该瞄准大数据、互联网、高端制造、新材料、机器人和新能源等新兴产业，通过提高自身的创新能力，开发前沿产品，占领世界市场。同时在消费升级的趋势下，加大细分领域的创新力度，填补产业空白点和薄弱环节，实现产品和服务的个性化、多样化、高端化。

第三，以数字化、智能化提升传统产业。传统产业应积极顺应科技发展，推进企业数字化和工厂智能化，增强信息技术服务基础能力，促进传统产业的改革升级。

6.2.3 构建新型政商关系

第一，制度保障。积极推进国家监察体制改革，推进纪律检查体制改革，突出监督处置和监督问责的重点，理顺各级政府之间的权责关系，破除不良体制机制弊端，使市场在资源配置中起决定性作用，为新型政商关系的建立提供制度保障。

第二，加大基层政府政策宣传、解读、培训工作。通过宣传方式的改革和创新，加大政府政策宣传、解读、培训工作，有利于改进基层政府的服务质量，有利于减少政策执行的“灰色”地带。

6.2.4 实现企业战略从“关系型”向“创新型”的转变

政治关联减少企业创新激励，抑制企业创新，增加企业成本，耗费企业家的时间和精力，不利于企业的长期发展和绩效提高。因此，必须引导企业从关系型战略向创新型战略企业转变，可以采取如下措施。

第一，提升制度质量，实现政务公开。实现政务公开，提升制度质量，可以减少政府暗箱操作，增强程序透明，提高企业运行效率。民营企业建立政治关联的根本原因在于，政府是资源的配置者，政府深度介入资源配置，使得私营企业和中小企业受到不公平待遇。因此，引导企业转变发展方式，提升企业生产率和竞争力，必须加快要素分配机制，破除要素流动的掣肘，消解政策性歧视，建立公平市场环境，给予民营企业同等的资源获取机会。划清政府和市场的边界，实现“政府的归政府，市场的归市场”。

第二，企业要正视创新的长期绩效。创新的特点是风险大，经济效应发挥缓慢，但是创新一旦成功，就会给企业带来巨大的“垄断租”，因此，调整企业发展战略，必须逐步减少对“关系型战略”的依赖，将企业长期发展建立在产品创新、工艺创新、市场开拓以满足细分的消费市场上来，实现企业的长期、高质量发展，同时带动相关企业发展，实现产业集聚，带动区域经济发展。

第三，对公司治理来说，公司应该在薪酬、晋升、福利等多个方面建立更有效的公司高管激励机制，实现企业员工价值和企业价值的最大化。同时，企业应该建立一定的容错机制和前置风险管理机制，处理好公司高管和长短期企业绩效的关系。

6.3　本书的不足与展望

第一，数据方面。本书第3章和第4章均使用省际面板数据进行分析，虽较之前的时间序列数据和截面数据具有较大进步，但受限于数据，本书没有使用更微观的地市级数据，无法进行更细致的研究。因此，在后续研究中，可以收集和整理地市级数据，并进行更多维度的研究。

第二，研究方法。本书较多使用了实证分析，并没有建立严密的理论模型，使得本研究缺乏充足的理论支撑。因此，后续的研究方向可以结合某些机制分析，将制度、政治关联、天赋配置等要素统一在一个框架中进行科学论证，并研究各要素的影响机制。

后　记

书稿完成最后一次勘定，即将上市，一路走过来，不禁感慨万千。

本书源于自己的博士学位论文，因此，最需要感谢的是导师庄子银教授。在读博之前，我对经济学的了解非常贫乏，正是由于庄老师无微不至的关怀和指导，我逐步开始了解经济学，关注经济学，喜欢经济学。在校期间每一次科研活动庄老师都悉心指导、严格把关、力求完美。庄老师严谨的治学态度、一丝不苟的学风、敏捷的思维和深厚的理论修养，将是我终身学习的榜样。

其次，我要感谢童光荣教授。2011 年，我怀着忐忑的心情给从未谋面的童老师发了一封电子邮件，希望在他手下做访问学者，但没想到童老师很快给我回信，并欣然接受了我的请求。2012 年，我顺利进入武汉大学访学。说来惭愧，我访学的目的其实很特别，就是为了逃避单位无休无止的杂事，但完全没想到的是，通过和童老师的交流，我对经济学有了初步认识，同时也激发我对自身发展的重新思考，在童老师的鼓励和支持下，我立志读博。不得不说，和童老师相识是一段很妙的缘分。和童老师相处久了之后，便感觉和童老师之间的情感已经超越师生之情，更多是忘年之交。

再次，我要感谢我的母亲和两个妹妹。2017 年 6 月开始，我便天天在实验室埋头写毕业论文，对于一个已经推迟毕业的人来说，心情是非常迫切且焦虑的。可就在这时，我母亲洗澡时突然晕倒，后来才知是中风了。进 ICU 的当晚，我不知所措，整个人都是晕晕乎乎的。度过了艰难的 15 天治疗期之后，就是康复期，这决定了母亲晚年的生活质量，非常重要，也非常漫长。于是，继续陪侍母亲和博士毕业之间产生了激烈矛盾。生活不便的母亲似乎看出了我的焦虑，安慰我说，康复期很长，一个男孩子能做的也很有限，便劝我回校写毕业论文。于是，在不舍和不能的双重压力下，我回到学校。犹记得那年的冬天，武汉下了 10 年来最大的雪，让我深深地体会到啥叫寒窗苦读，不是身体的寒，而是心里的寒。为了尽快回家照顾母亲，我夜以继日地写毕业论文，早上 7 点出门，晚上 11 点回寝室，中午就在实验室的躺椅上休息 1 个小时，整整 2 个月，不眠不休，终于在 2018 年小年之前完成了毕业论文初稿。这是一段多么艰难的记忆，我经常在想，如果我不去读博，能在家多陪陪母亲，常常关注她的身体，时时叮嘱她按时吃药，是不是这一切苦难就不会发生？现在经常看她一瘸一拐地在小区锻炼，我心头的愧疚就涌上心头。母亲呀，母亲，你是多么伟大呀。行文至此，我的眼泪已经夺眶而出，流了下来。还要感谢我的妹妹，一个辞掉工作，一个回家帮忙，兄妹间的互助给了我最大的支持。

最后，还需要感谢邹薇教授、郭熙保教授、马颖教授、方迎风师兄、张芬师姐以及数理系所有老师的指导和帮助。感谢与我一起学习生活的格子间的同学们——惠利、许文立、万庆、王曼丽、李昕、保永文等，与他们一起交流和讨论是我科研和学习的重要方式。特别感谢我的同门们——袁飞兰、程波、马占利、屈广玉、陈亮恒、李静晶、雷浩、李宏武、刘彩云、高瑜、刘一红、樊增增，一起喝酒，一起撸串的友谊是我博士生涯最大的精神慰藉。还要感谢武汉大学出版社的陈红编辑，在本书的出版过程中，给予最大的支持和帮助。

谨以此文献给所有关心和帮助过我的人！

华　锐

2020年8月于咸宁

参 考 文 献

[1]蔡昉，王美艳．为什么劳动力流动没有缩小城乡收入差距[J]．经济学动态，2009，49(8)：4-10.

[2]蔡昉．中国经济增长如何转向全要素生产率驱动型[J]．中国社会科学，2013，33(1)：56-71.

[3]蔡跃洲，付一夫．全要素生产率增长中的技术效应与结构效应——基于中国宏观和产业数据的测算及分解[J]．经济研究，2017，52(1)：72-88.

[4]蔡地，黄建山，李春米，等．民营企业的政治关联与技术创新[J]．经济评论，2014，34(2)：65-76.

[5]陈刚．产权保护与财产性收入——来自微观家庭的证据[J]．当代经济科学，2015，37(4)：29-38.

[6]陈德球，金雅玲，董志勇．政策不确定性、政治关联与企业创新效率[J]．南开管理评论，2016，19(4)：27-35.

[7]陈平，李广众．中国的结构转型与经济增长[J]．世界经济，2001，23(3)：16-20.

[8]陈艳莹，王二龙，程乘．寻租、企业家才能配置和资源诅咒——基于中国省份面板数据的实证研究[J]．财经研究，2012，38(6)：16-26.

[9]第二次全国基本单位普查课题组．我国私营企业发展的现状、问题及对策[J]．中国统计，2003，50(9)：20-23.

[10]杜勇，陈建英．政治关联、慈善捐赠与政府补助——来自中国亏损上市公司的经验证据[J]．财经研究，2016，42(5)：4-14.

[11]邓峰，丁小浩．中国教育收益率的长期变动趋势分析[J]．统计研究，2013，30(7)：39-47.

[12]邓宏图，宋高燕．学历分布、制度质量与地区经济增长路径的分岔[J]．经济研究，2016，51(9)：89-103.

[13]邓路，谢志华，李思飞．民间金融、制度环境与地区经济增长[J]．管理世界，2014，29(3)：31-40.

[14]董敏杰，梁泳梅．1978—2010年的中国经济增长来源：一个非参数分解框架[J]. 经济研究，2013，48(5)：17-32.
[15]董志强，魏下海，汤灿晴．制度软环境与经济发展——基于30个大城市营商环境的经验研究[J]. 管理世界，2012，27(4)：9-20.
[16]党力，杨瑞龙，杨继东．反腐败与企业创新：基于政治关联的解释[J]. 中国工业经济，2015，31(7)：146-160.
[17]杜昕然．改革开放四十年中国消费市场发展研究[J]. 国际贸易，2018，36(10)：29-36.
[18]樊纲，王小鲁，朱恒鹏．中国市场化指数：各地区市场化相对进程2011年报告[M]. 北京：经济科学出版社，2011.
[19]方颖，赵扬．寻找制度的工具变量：估计产权保护对中国经济增长的贡献[J]. 经济研究，2011，46(5)：138-148.
[20]胡旭阳．民营企业家的政治身份与民营企业的融资便利——以浙江省民营百强企业为例[J]. 管理世界，2006，21(5)：107-113.
[21]何兴邦．环境规制、政治关联和企业研发投入——基于民营上市企业的实证研究[J]. 软科学，2017，31(10)：45-51.
[22]桂林，陈宇峰，尹振东．官员规模、公共品供给与社会收入差距：权力寻租的视角[J]. 经济研究，2012，47(9)：140-151.
[23]高冰，王延章．管理者政治关联、制度环境与企业绩效间关系的实证研究[J]. 技术经济，2014，33(11)：116-122.
[24]干春晖，郑若谷，余典范．中国产业结构变迁对经济增长和波动的影响[J]. 经济研究，2011，46(5)：4-16.
[25]盖庆恩，朱喜，程名望，等．要素市场扭曲、垄断势力与全要素生产率[J]. 经济研究，2015，50(5)：61-75.
[26]龚六堂，谢丹阳．我国省份之间的要素流动和边际生产率的差异分析[J]. 经济研究，2004，49(1)：45-53.
[27]何宪．我国公职人员工资分类管理研究[J]. 经济理论与经济管理，2017，36(3)：5-13.
[28]韩其恒，李俊青，刘鹏飞．要素重新配置型的中国经济增长[J]. 管理世界，2016，31(1)：10-28.
[29]黄玖立，吴敏，包群．经济特区、契约制度与比较优势[J]. 管理世界，2013，28(11)：28-38.
[30]郝宁，吴庆麟．天赋在专长获得中有限作用述评[J]. 心理科学，2009，

32(6): 1401-1404.
[31]黄亮雄，王贤彬，刘淑琳，等. 中国产业结构调整的区域互动——横向省际竞争和纵向地方跟进[J]. 中国工业经济，2015，31(8): 82-97.
[32]汲昌霖，韩洁平. 制度环境与企业成长——基于政治关联抑或能力建设的策略选择[J]. 江汉论坛，2017，59(7): 11-16.
[33]江雅雯，黄燕，徐雯. 政治联系、制度因素与企业的创新活动[J]. 南方经济，2011，29(11): 3-15.
[34]罗浩. 文化与经济增长：一个初步分析框架[J]. 经济评论，2009，29(2): 113-121.
[35]罗光强."民工潮""民工荒"及其转变的行为效用研究——兼论当前农民工问题[J]. 经济学动态，2010，50(10): 68-75.
[36]李晓敏. 企业家才能配置对中国经济增长的影响[J]. 经济与管理研究，2016，37(7): 11-18.
[37]李晓敏. 企业家寻利还是寻租：一个微观分析框架[J]. 当代经济科学，2011，33(1): 91-98.
[38]刘伟，蔡志洲. 技术进步、结构变动与改善国民经济中间消耗[J]. 经济研究，2008，53(4): 4-14.
[39]梁莱歆，冯延超. 民营企业政治关联、雇员规模与薪酬成本[J]. 中国工业经济，2010，26(10): 127-137.
[40]李传宪，干胜道. 政治关联、补贴收入与上市公司研发创新[J]. 科技进步与对策，2013，30(13): 102-105.
[41]赖德胜，纪雯雯. 人力资本配置与创新[J]. 经济学动态，2015，55(3): 22-30.
[42]李诗田，邱伟年. 政治关联、制度环境与企业研发支出[J]. 科研管理，2015，36(4): 56-64.
[43]李晓敏，卢现祥. 企业家才能、人才配置与经济增长[J]. 贵州社会科学，2010，30(9): 75-80.
[44]卢现祥，梁玉. 寻租、人力资本投资与"公务员热"诱因[J]. 改革，2009，21(11): 149-154.
[45]李静，楠玉，江永红. 中国经济增长减缓与稳定增长动力[J]. 中国人口科学，2015，28(3): 32-43.
[46]李小平，卢现祥. 中国制造业的结构变动和生产率增长[J]. 世界经济，2007，30(5): 52-64.

[47]李宏彬，李杏，姚先国，等．企业家的创业与创新精神对中国经济增长的影响[J]．经济研究，2009，44(10)：99-108.
[48]李新春，苏琦，董文卓．公司治理与企业家精神[J]．经济研究，2006，41(2)：57-68.
[49]李世刚，尹恒．政府-企业间人才配置与经济增长——基于中国地级市数据的经验研究[J]．经济研究，2017，62(4)：78-91.
[50]李昆，赵昌文．中国个体经济：30年的变化与发展[J]．四川大学学报(哲学社会科学版)，2010，51(6)：105-114.
[51]李平，钟学义，王宏伟，等．中国生产率变化与经济增长源泉：1978—2010年[J]．数量经济技术经济研究，2013，29(1)：3-21.
[52]罗党论，赵聪．什么影响了企业对行业壁垒的突破——基于中国上市公司的经验数据[J]．南开管理评论，2013，15(6).
[53]刘瑞翔．探寻中国经济增长源泉：要素投入、生产率与环境消耗[J]．世界经济，2013，35(10)：123-141.
[54]刘华，鄢圣鹏．财政性教育投入对人力资本形成的实证分析[J]．财贸经济，2004，24(9)：65-67.
[55]刘凤良，章潇萌．中国经济增长进程中的动能切换与结构转型[J]．中国人民大学学报，2016，30(5)：9-10.
[56]刘生龙，王亚华，胡鞍钢．西部大开发成效与中国区域经济收敛[J]．经济研究，2009，54(9)：94-105.
[57]刘生龙，龚锋．政府规模与经济增长：理论及实证[J]．产业经济评论，2017，37(6)：43-59.
[58]刘文革，高伟，张苏．制度变迁的度量与中国经济增长——基于中国1952—2006年数据的实证分析[J]．经济学家，2008，19(6)：48-55.
[59]刘伟，蔡志洲．技术进步、结构变动与改善国民经济中间消耗[J]．经济研究，2008，53(4)：4-14.
[60]刘伟，张辉．中国经济增长中的产业结构变迁和技术进步[J]．经济研究，2008，43(11)：4-15.
[61]吕铁．制造业结构变化对生产率增长的影响研究[J]．管理世界，2002，17(2)：87-94.
[62]刘勇政，冯海波．腐败、公共支出效率与长期经济增长[J]．经济研究，2011，56(9)：17-28.
[63]李建伟．中国经济增长四十年回顾与展望[J]．管理世界，2018，34

(10)：11-23.
[64]林润辉，李娅，李康宏，等．政治关联、制度环境与中国新上市企业的市场表现：基于中国境内外上市公司的比较[J]．预测，2016，35(2)：1-8.
[65]罗德明，李晔，史晋川．要素市场扭曲、资源错置与生产率[J]．经济研究，2012，57(3)：4-14.
[66]李维安，李浩波，李慧聪．创新激励还是税盾？——高新技术企业税收优惠研究[J]．科研管理，2016，37(11)：61-70.
[67]李维安，徐业坤．政治关联形式、制度环境与民营企业生产率[J]．管理科学，2012，25(2)：1-12.
[68]刘伟，蔡志洲．我国产业结构变动趋势及对经济增长的影响[J]．经济纵横，2008，23(12)：64-70.
[69]李村璞，赵守国，何静．我国的政府规模与经济增长：1979-2008——基于非线性 STR 模型的实证分析[J]．经济科学，2010，32(4)：15-26.
[70]雷钦礼，徐家春．技术进步偏向、要素配置偏向与我国 TFP 的增长[J]．统计研究，2015，32(8)：10-16.
[71]刘伟，张辉．中国经济增长中的产业结构变迁和技术进步[J]．经济研究，2008，53(11)：4-15.
[72]刘晔，张训常，蓝晓燕．国有企业混合所有制改革对全要素生产率的影响——基于 PSM-DID 方法的实证研究[J]．财政研究，2016，36(10)：63-75.
[73]李雪灵，张惺，刘钊，等．制度环境与寻租活动：源于世界银行数据的实证研究[J]．中国工业经济，2012，28(11).：3-11.
[74]刘慧龙，张敏，王亚平，等．政治关联、薪酬激励与员工配置效率[J]．经济研究，2010，55(9)：134-138.
[75]马栓友．政府规模与经济增长：兼论中国财政的最优规模[J]．世界经济，2000，22(11)：59-64.
[76]马弘，乔雪，徐嫄．中国制造业的就业创造与就业消失[J]．经济研究，2013，58(12)：68-80.
[77]毛中根，谢迟．习近平关于消费经济的重要论述——现实依据、理论基础与主要内容[J]．消费经济，2019，35(03)：3-11.
[78]聂辉华，贾瑞雪．中国制造业企业生产率与资源误置[J]．世界经济，2011，33(7)：27-42.

[79]聂辉华，谭松涛，王宇锋．创新、企业规模和市场竞争：基于中国企业层面的面板数据分析[J]．世界经济，2008，31(7)：57-66.
[80]曼瑟尔·奥尔森．国家兴衰探源[M]．吕应中，译．北京：商务印书馆，1999.
[81]曼瑟尔·奥尔森．权力与繁荣[M]．苏长和，嵇飞，译．上海：上海人民出版社，2005.
[82]潘红波，夏新平，余明桂．政府干预、政治关联与地方国有企业并购[J]．经济研究，2008，53(4)：41-52.
[83]彭红星，毛新述．政府创新补贴、公司高管背景与研发投入——来自我国高科技行业的经验证据[J]．财贸经济，2017，37(3)：147-160.
[84]曲玥．中国工业企业的生产率差异和配置效率损失[J]．世界经济，2016，39(12)：121-142.
[85]萨伊．政治经济学概论[M]．陈福生、陈振骅，译．北京：商务印书馆，1963．
[86]沈波涛，李玉举．中国奇迹的新经济增长理论分析[J]．经济师，2001，15(5)：52-53.
[87]史晋川，郎金焕．中国的民营经济与区域经济发展[J]．山东大学学报(哲学社会科学版)，2018，67(1)：7-17.
[88]沈坤荣，滕永乐．"结构性"减速下的中国经济增长[J]．经济学家，2013，24(8)：29-38.
[89]盛誉．贸易自由化与中国要素市场扭曲的测定[J]．世界经济，2005，27(6)：29-36.
[90]孙圣民，陈强．家庭联产承包责任制与中国农业增长的再考察——来自面板工具变量法的证据[J]．经济学：季刊，2017，16(2)：379-396.
[91]田大洲．我国个体经济的就业研究[J]．人口与经济，2010(1)：39-43.
[92]唐国华．天赋配置与经济增长——基于省际面板数据的经验研究[J]．科学学与科学技术管理，2012，33(11)：110-116.
[93]田利辉．国有产权、预算软约束和中国上市公司杠杆治理[J]．管理世界，2005，20(7)：123-128.
[94]田利辉，张伟．政治关联影响我国上市公司长期绩效的三大效应[J]．经济研究，2013，58(11)：71-86.
[95]涂正革，肖耿．中国的工业生产力革命——用随机前沿生产模型对中国大中型工业企业全要素生产率增长的分解及分析[J]．经济研究，2005，

48(3)：4-15.
[96]王霞．制度变迁、CEO 特征与企业战略转型——基于“三公消费”敏感型上市公司的经验证据[J]．中南财经政法大学学报，2017(1)：106-114.
[97]王士红．人力资本与经济增长关系研究新进展[J]．经济学动态，2017，57(8)：124-134.
[98]文一．伟大的中国工业革命：“发展政治经济学”一般原理批判纲要[M]．北京：清华大学出版社，2016.
[99]王珍义，何胡琴，苏丽．政治关联、进入壁垒与中小高新技术企业技术创新[J]．华东经济管理，2014(3)：114-119.
[100]王小鲁，樊纲，余静文．中国分省份市场化指数报告(2016)[M]．北京：社会科学文献出版社，2017.
[101]温军，冯根福．异质机构、企业性质与自主创新[J]．经济研究，2012，57(3)：53-64.
[102]王海港，李实，刘京军．城镇居民教育收益率的地区差异及其解释[J]．经济研究，2007，52(8)：73-81.
[103]王力军，童盼．民营上市公司控制类型、多元化经营与企业绩效[J]．南开管理评论，2008，11(5)：31-39.
[104]王军，邹广平，石先进．制度变迁对中国经济增长的影响——基于 VAR 模型的实证研究[J]．中国工业经济，2013，29(6)：70-82.
[105]王沁，王治军．医疗保障制度与经济增长的关系研究[J]．保险研究，2016(9)：89-102.
[106]王贤彬，张莉，徐现祥．地方政府土地出让、基础设施投资与地方经济增长[J]．中国工业经济，2014，30(7)：31-43.
[107]吴延瑞．生产率对中国经济增长的贡献：新的估计[J]．经济学：季刊，2008，7(3)：827-842.
[108]吴延兵．自主研发、技术引进与生产率——基于中国地区工业的实证研究[J]．经济研究，2008，53(8)：51-64.
[109]吴义爽．制度安排、企业家才能配置与中国持续经济增长[J]．理论探讨，2010，26(1)：74-77.
[110]万华林，陈信元．治理环境、企业寻租与交易成本——基于中国上市公司非生产性支出的经验证据[J]．经济学：季刊，2010，9(1)：553-570.
[111]魏下海，董志强，张永璟．营商制度环境为何如此重要？——来自民营企业家“内治外攘”的经验证据[J]．经济科学，2015，37(2)：105-116.

[112]王庆文，吴世农．政治关系对公司业绩的影响——基于中国上市公司政治影响力指数的研究[C]//中国实证会计国际研讨会．2008.
[113]王晓燕，俞峰，钟昌标．研发国际化对中国企业创新绩效的影响——基于“政治关联”视角[J]．世界经济研究，2017，39(3)：78-86.
[114]吴文锋，吴冲锋，刘晓薇．中国民营上市公司高管的政府背景与公司价值[J]．经济研究，2008，53(7)：130-141.
[115]许庆．家庭联产承包责任制的变迁、特点及改革方向[J]．世界经济文汇，2008，51(1)：93-100.
[116]徐现祥，陈小飞．经济特区：中国渐进改革开放的起点[J]．世界经济文汇，2008，51(1)：14-26.
[117]谢家智，刘思亚，李后建．政治关联、融资约束与企业研发投入[J]．财经研究，2014，40(8)：81-93.
[118]徐现祥，李郇．中国省区经济差距的内生制度根源[J]．经济学：季刊，2005，4(S1)：83-100.
[119]徐康宁，王剑．自然资源丰裕程度与经济发展水平关系的研究[J]．经济研究，2006，51(1)：78-89.
[120]徐现祥，舒元．中国经济增长中的劳动结构效应[J]．世界经济，2001，23(5)：17-23.
[121]于斌斌．产业结构调整与生产率提升的经济增长效应——基于中国城市动态空间面板模型的分析[J]．中国工业经济，2015，31(12)：83-98.
[122]杨其静．企业成长：政治关联还是能力建设？[J]．经济研究，2011，56(10)：54-66.
[123]鄢萍．资本误配置的影响因素初探[J]．经济学(季刊)，2012，11(2)：489-520.
[124]殷杰兰．改革开放40年居民消费对经济结构转型的影响[J]．财经科学，2018，61(10)：73-83.
[125]袁堂军．中国企业全要素生产率水平研究[J]．经济研究，2009，54(6)：52-64.
[126]杨汝岱．中国制造业企业全要素生产率研究[J]．经济研究，2015，60(2)：61-74.
[127]杨长汉．信贷投放、固定资产投资与经济增长[J]．宏观经济研究，2017，11(5)：21-28.
[128]余泳泽．改革开放以来中国经济增长动力转换的时空特征[J]．数量经济

技术经济研究，2015，31(2)：19-34.

[129]姚洋．稳健转型——对中国“奇迹”的一个解释[J]．南风窗，2004，19(8)：22-24.

[130]姚战琪．生产率增长与要素再配置效应：中国的经验研究[J]．经济研究，2009，54(11)：130-143.

[131]余汉，蒲勇健，宋增基．国有股权、企业经营环境与进入行业壁垒——一项基于民营控股上市公司的实证研究[J]．华东经济管理，2017，31(3)：154-162.

[132]王晓燕，俞峰，钟昌标．研发国际化对中国企业创新绩效的影响——基于“政治关联”视角[J]．世界经济研究，2017(3)：78-86.

[133]袁建国，后青松，程晨．企业政治资源的诅咒效应——基于政治关联与企业技术创新的考察[J]．管理世界，2015，30(1)：139-155.

[134]余明桂，潘红波．政治关系、制度环境与民营企业银行贷款[J]．管理世界，2008，23(8)：9-21.

[135]余明桂，回雅甫，潘红波．政治联系、寻租与地方政府财政补贴有效性[J]．经济研究，2010，55(3)：65-77.

[136]余菲菲，钱超．政府科技补助对企业创新投入的门槛效应——基于科技型中小企业的经验研究[J]．科研管理，2017，38(10)：40-47.

[137]于蔚，汪淼军，金祥荣．政治关联和融资约束：信息效应与资源效应[J]．经济研究，2012，57(9)：125-139.

[138]游家兴，徐盼盼，陈淑敏．政治关联、职位壕沟与高管变更：来自中国财务困境上市公司的经验证据[J]．金融研究，2010，52(4)：128-143.

[139]张帆．中国的物质资本和人力资本估算[J]．经济研究，2000，45(8)：65-71.

[140]张光．财政规模、编制改革和公务员规模的变动：基于对1978—2006年的实证分析[J]．政治学研究，2008，23(4)：97-107.

[141]张豪，戴静，张建华．政策不确定、官员异质性与企业全要素生产率[J]．经济学动态，2017，57(8)：49-61.

[142]朱红恒，李大毅，王翔宇．私营及个体经济发展、农村劳动力转移与城乡收入差距研究[J]．经济经纬，2017，33(6)：19-25.

[143]张健华，王鹏．中国全要素生产率：基于分省份资本折旧率的再估计[J]．管理世界，2012，27(10)：18-30.

[144]张军，陈诗一，Gary H. Jefferson. 结构改革与中国工业增长[J]．中国经

济学，2009，29(7)：4-20.
[145]张军，吴桂英，张吉鹏．中国省际物质资本存量估算：1952—2000[J]．经济研究，2004，49(10)：35-44.
[146]张少华，蒋伟杰．中国全要素生产率的再测度与分解[J]．统计研究，2014，31(3)：54-60.
[147]中国经济增长前沿课题组，张平，刘霞辉，等．中国经济增长的低效率冲击与减速治理[J]．经济研究，2014，49(12)：4-17.
[148]中国经济增长前沿课题组，张平，刘霞辉，等．中国经济长期增长路径、效率与潜在增长水平[J]．经济研究，2012，47(11)：4-17.
[149]中国经济增长前沿课题组，张平，刘霞辉，等．中国经济转型的结构性特征、风险与效率提升路径[J]．经济研究，2013，48 (10)：4-17.
[150]中国社会科学院世界宗教研究所．中华归主：中国基督教事业统计：1901—1920[M]．北京：中国社会科学出版社，1987.
[151]周黎安．中国地方官员的晋升锦标赛模式研究[J]．经济研究，2007，52(7)：36-50.
[152]周黎安，陈烨．中国农村税费改革的政策效果：基于双重差分模型的估计[J]．经济研究，2005，40(8)：44-53.
[153]郑胜华，池仁勇．核心企业合作能力、创新网络与产业协同演化机理研究[J]．科研管理，2017，38(6)：28-42.
[154]周小宇，符国群，王锐．关系导向战略与创新导向战略是相互替代还是互为补充——来自中国私营企业的证据[J]．南开管理评论，2016，19(4)：13-26.
[155]张学良．中国交通基础设施促进了区域经济增长吗——兼论交通基础设施的空间溢出效应[J]．中国社会科学，2012，32(3)：60-77.
[156]张敏，黄继承．政治关联、多元化与企业风险——来自我国证券市场的经验证据[J]．管理世界，2009，24(7)：156-164.
[157]张昭时，钱雪亚．城乡分割、工资差异与就业机会不平等——基于五省城镇住户调查数据的经验研究[J]．中国人口科学，2011，24(3)：34-41.
[158]张益丰，郑秀芝．企业家才能、创业环境异质性与农民创业——基于3省14个行政村调研数据的实证研究[J]．中国农村观察，2014，34(3)：21-28.
[159]郑建明，刘琳，刘一凡．政治关联的结构特征、多元化驱动与公司价

值[J]. 金融研究，2014，56(2)：167-179.
[160]周黎安，陶婧. 政府规模、市场化与地区腐败问题研究[J]. 经济研究，2009，54(1)：57-69.
[161]朱承亮. 中国经济增长效率及其影响因素的实证研究[D]. 西安：西北大学硕士学位论文，2010.
[162]赵文，王蕾. 刘易斯转折点之后的配置效率测算[J]. 产业经济研究，2015，13(3)：1-10.
[163]赵静，郝颖. GDP竞争动机下的企业资本投向与配置结构研究[J]. 科研管理，2013，34(5)：102-110.
[164]邹薇. 关于办好"市场大学"，全面提升湖北省市场化水平的研究报告[R]. 2014：62.
[165]朱子云. 中国城乡居民收入差距的分解分析[J]. 数量经济技术经济研究，2014，30(2)：52-67.
[166]庄子银. 南方模仿、企业家精神和长期增长[J]. 经济研究，2003，48(1)：62-70.
[167]庄子银. 创新、企业家活动配置与长期经济增长[J]. 经济研究，2007，52(8)：82-94.
[168]朱益宏，周翔，张全成，等. 私营企业家政治关联：催化了投机行为还是技术创新？[J]. 科研管理，2016，37(4)：77-84.
[169]Acemoglu D. Reward structure and the allocation of talent. [J]. European Economic Review，1995，39(1)：17-33.
[170]Acemoglu D. The form of property rights：oligarchic vs. democratic societies [J]. Nber Working Dissertations，2003(6)：102-134.
[171]Acemoglu D. Forms of property rights：oligarchic versus democratic societies [J]. Journal of the European Economic Association，2004，67(5)：256-298.
[172]Acemoglu D. Oligarchic versus democratic societies [J]. Journal of the European Economic Association，2008，6(1)：1-44.
[173]Acemoglu D，Johnson S，Robinson J A. The colonial origins of comparative development：an empirical investigation [J]. American Economic Review，2001，91(5)：1369-1401.
[174]Acemoglu D，Robinson J A. Why nations fail [J]. New York Review of Books，2012，59(13)：85-86.

[175] Aidt T, Dutta J, Sena V. Governance regimes, corruption and growth: theory and evidence [J]. Journal of Comparative Economics, 2008, 36 (2): 195-220.

[176] Azzam M. Corruption and microcredit interest rates: does regulation help? [J]. Bulletin of Economic Research, 2016, 49(6): 56-78.

[177] Amihud Y, Lev B. Risk reduction as a managerial motive for conglomerate mergers[J]. Bell Journal of Economics, 1981, 12(2): 605-617.

[178] Auty R M. Sustaining development in mineral economies [C] European conference on lasers and electro-optics, 2007: 17-31.

[179] Audretsch D., Fritsch M. Linking entrepreneurship to growth: the case of West Germany[J]. Industry & Innovation, 2003, 10(1): 65-73.

[180] Aghion P, Howitt P. A model of growth through creative destruction[J]. Econometrica, 1992, 60(2): 323-351.

[181] Baumol W J. Entrepreneurship: productive, unproductive, and destructive [J]. Journal of Political Economy, 1990, 98(5): 893-921.

[182] Brandt L, Biesebroeck J V, Zhang Y. Creative accounting or creative destruction? Firm-level productivity growth in Chinese manufacturing[J]. Journal of Development Economics, 2012, 97(2): 0-351.

[183] Bosworth B, Collins S M. Accounting for growth: comparing China and India[J]. The Journal of Economic Perspectives, 2008, 22(1): 45-66.

[184] Bowen H P, Clercq D D. Institutional context and the allocation of entrepreneurial effort[J]. Journal of International Business Studies, 2007, 39(4): 747-767.

[185] Beaudreau B C, Lightfoot H D. The physical limits to economic growth by R&D funded innovation[J]. Energy, 2015, 84: 45-52.

[186] Bai C E, Hsieh C T, Qian Y. The return to capital in china[J]. Brookings Papers on Economic Activity, 2006(2): 61-88.

[187] Bloom N, Griffith R, Reenen J V. Do R&D tax credits work? Evidence from a panel of countries 1979-1997[J]. Journal of Public Economics, 2002, 85(1): 1-31.

[188] Bartelsman E, Haltiwanger J, Scarpetta S. Cross-Country differences in productivity: the role of allocation and selection[J]. American Economic Review, 2013, 103(1): 305-334.

[189] Barro R J. Government spending in a simple model of endogeneous growth[J]. Journal of Political Economy, 2015, 98(5): 103-26.

[190] Barro R J. Economic growth in a cross section of countries[J]. Quarterly Journal of Economics, 1991, 106(2): 407-443.

[191] Robert J. Barro, Xavier Sala-i-Martin. Economic growth [M]. New York: McGrlnaw-Hill, 1995.

[192] Barro R J, Lee J W. A new data set of educational attainment in the world, 1950-2010[J]. Journal of Development Economics, 2013, 104(15902): 184-198.

[193] Beugelsdijk S, Noorderhaven N. Entrepreneurial attitude and economic growth: a cross-section of 54 regions[J]. Annals of Regional Science, 2004, 38(2): 199-218.

[194] Bjørnskov C, Foss N J. Economic freedom and entrepreneurial activity: some cross-country evidence[J]. Public Choice, 2008, 134(3-4): 307-328.

[195] Brou D, Ruta M. A commitment theory of subsidy agreements[J]. B E Journal of Economic Analysis & Policy, 2013, 13(1): 239-269.

[196] Caselli F. Accounting for cross-country income differences[J]. LSE Research Online Documents on Economics, 2004, 1(5): 679-741.

[197] Chenery H B. Patterns of industrial growth[J]. American Economic Review, 1960, 50(4): 624-654.

[198] Cheese P, Craig E, Thomas R J. The talent powered organization: strategies for globalization, talent management and high performance[M]. 2007.

[199] Chen S, Sun Z, Tang S, et al. Government intervention and investment efficiency: evidence from china[J]. Journal of Corporate Finance, 2011, 17(2): 259-271.

[200] Dinç S. Politicians and banks: political influences on government-owned banks in emerging markets[J]. Journal of Financial Economics, 2005, 77(2): 453-479.

[201] Deng H, Mcguckin R H, Haltiwanger J C, et al. The contribution of restructuring and reallocation to china's productivity and growth [J]. Economics Program WorkingDissertations, 2007, 50(5): 142-171.

[202] Diamond J M. Guns, Germs and steel: the fate of human societies[J]. Journal of Policy Analysis & Management, 1999, 22(1): 173-177.

[203] Ding S, Knight J. Can the augmented Solow model explain china ' s remarkable economic growth? a cross-country panel data analysis[J]. Journal of Comparative Economics, 2009, 37(3): 432-452.

[204] Douglass C. North, Barry R. Weingast. constitutions and commitment: the evolution of institutions governing public choice in seventeenth-century England[J]. Journal of Economic History, 1989, 49(4): 803-832.

[205] Fielding D., Torres S. Cows and conquistadors: a contribution on the colonial origins of comparative development [J]. Journal of Development Studies, 2008, 44(8): 1081-1099.

[206] Faccio M. Politically connected firms [J]. American Economic Review, 2006, 96(1): 369-386.

[207] Fisman R. Estimating the value of political connections [J]. American Economic Review, 2001, 91(4): 1095-1102.

[208] Fee C E, Hadlock C J, Pierce J R. Investment, financing constraints, and internal capital markets: evidence from the advertising expenditures of multinational firms [J]. Review of Financial Studies, 2009, 22 (6): 2361-2392.

[209] Faccio M, Parsley D. Sudden deaths: taking stock of political connections [J]. Social Science Electronic Publishing, 2006(5460).

[210] Fan J P H, Wong T J, Zhang T. Institutions and organizational structure: the case of state-owned corporate pyramids [J]. Journal of Law Economics & Organization, 2013, 29(6): 1217-1252.

[211] Fan J P H, Wong T J, Zhang T. Politically connected CEOs, corporate governance, and the Post-IPO performance of China's partially privatized firms[J]. Journal of Applied Corporate Finance, 2014, 26(3): 85-95.

[212] Ferguson T, Voth H J. Betting on Hitler—the value of political connections in Nazi Germany [J]. The Quarterly Journal of Economic, 2008, 123 (1): 101-137.

[213] Gema Fabro, José Aixalá. Economic growth and institutional quality: global and income-level analyses[J]. Journal of Economic Issues, 2009, 43(4): 997-1023.

[214] Glaeser E L. Entrepreneurship and the city[J]. Nber WorkingDissertations, 2007(32-33): 1626.

[215] Grossman G M, Helpman E. Innovation and growth in the global economy[J]. MIT Press Books, 1991, 1(2): 323-324.

[216] Grossman G M, Helpman E. Endogenous product cycles [J]. Economic Journal, 1991, 101(408): 1214-1229.

[217] Havor M. Institutions and the resource curse[J]. Economic Journal, 2006, 116(508): 1-20.

[218] Henderson J . Building the rural economy with high-growth entrepreneurs[J]. Economic Review, 2002, 87(3): 45-70.

[219] Hall R E, Jones C I. Why do some countries produce so much more output per worker than others? [J]. Social Science Electronic Publishing, 1999, 114 (1): 83-116.

[220] Hsieh C T, Klenow P J. Misallocation and manufacturing tfp in China and India[J]. Quarterly Journal of Economics, 2009, 124(4): 1403-1448.

[221] Hsieh C T, Klenow P J. Development accounting[J]. American Economic Journal Macroeconomics, 2010, 2(1): 207-223.

[222] Hobsbawm E J, Wrigley C. Industry and empire: from 1750 to the present day[M]. London: Penguin, 1999.

[223] Jensen M C. Agency costs of free cash flow, corporate finance, and takeovers [J]. American Economic Review, 1986, 76(2): 323-329.

[224] Jefferson G H, Su J. Privatization and restructuring in China: evidence from shareholding ownership, 1995-2001[J]. Journal of Comparative Economics, 2006, 34(1): 146-166.

[225] Jian T, Sachs J D, Warner A M. Trends in regional inequality in China[J]. China Economic Review, 1996, 7(1): 1-21.

[226] Julio B, Yook Y. Political uncertainty and corporate investment cycles[J]. The Journal of Finance, 2012, 67(1): 45-84.

[227] Krugman P. The myth of Asia's miracle[J]. Foreign Affairs, 1994, 73(6): 62-78.

[228] Kuznets S. Modern economic growth: findings and reflections[J]. American Economic Review, 1971, 63(3): 247-258.

[229] Kim W, Weisbach M S. Motivations for public equity offers: an international perspective[J]. Journal of Financial Economics, 2008, 87(2): 281-307.

[230] Levine R. Bank-based or market-based financial systems: which is better?

[J]. Journal of Financial Intermediation, 2002, 11(4): 398-428.

[231] Luo Y, Huang Y, Wang S L. Guanxi and organizational performance: a meta-analysis [J]. Management & Organization Review, 2012, 8(1): 139-172.

[232] Lewis R E, Heckman R J. Talent management: a critical review[J]. Human Resource Management Review, 2006, 16(2): 139-154.

[233] Li H, Liu P W, Zhang J. Estimating returns to education using twins in urban China[J]. Journal of Development Economics, 2012, 97(2): 494-504.

[234] Li H, Meng L, Wang Q, et al. Political connections, financing and firm performance: evidence fromChinese private firms[J]. Journal of Development Economics, 2008, 87(2): 283-299.

[235] Leuz C, Oberholzer-Gee F. Political relationships, global financing and corporate transparency[J]. Center for Financial Institutions Working Papers, 2003, 81(2): 411-439.

[236] Ljungwall C, Tingvall P G. Is china different? a meta-analysis of the growth-enhancing effect from R&D spending in china[J]. China Economic Review, 2015, 36: 468-473.

[237] Li H, Zhang Y. The role of managers' political networking and functional experience in new venture performance: evidence from China's transition economy[J]. Strategic Management Journal, 2007, 28(8): 791-804.

[238] Lucas R. On the mechanics of economic development[J] Journal of Monetary Economics , 1988(22): 3-42.

[239] Magee S P. Black hole tariffs and endogenous policy theory[M]. Oxford: Cambridge University Press, 1989.

[240] Mehlum H, Moene K, Torvik R. Predator or prey? : parasitic enterprises in economic development [J]. European Economic Review, 2003, 47(2): 275-294.

[241] Montinola G, Qian Y, Weingast B R. Federalism, Chinese style: the political basis for economic success in China[J]. World Politics, 1995, 48(1): 50-81.

[242] Marais D J D, Strauss H, Summons R E, et al. Carbon isotope evidence for the stepwise oxidation of the proterozoic environment[J]. Nature, 1992, 359(6396): 605-609.

[243] Mulligan C B, Sala-I-Martin X. Measuring aggregate human capital [J]. Journal of Economic Growth, 2000, 5(3): 215-252.

[244] Mulligan C B, Gil R. Do democracies have different public policies than nondemocracies ? [J]. Journal of Economic Perspectives, 2004, 18(1): 51-74.

[245] Murphy K M, Shleifer A, Vishny R W. The allocation of talent: implications for growth[J]. Quarterly Journal of Economics, 1991, 106(2): 503-530.

[246] Murphy K M, Shleifer A, Vishny R W. Why is rent-seeking so costly to growth? American economic review papers and proceedings [J]. American Economic Review, 1993, 83(2): 409-414.

[247] Mueller P. Exploring the knowledge filter: how entrepreneurship and university-industry relationships drive economic growth[J]. Research Policy, 2006, 35(10): 1499-1508.

[248] Méon P G, Weill L. Is corruption an efficient grease? [J]. World Development, 2010, 38(3): 244-259.

[249] North D C, Thomas R P. The rise of the western world: a new economic history[J]. Contemporary Sociology, 1973, 27(4): 38-38.

[250] North D C, Weingast B R. Constitutions and commitment: the evolution of institutions governing public choice in seventeenth-century England [J]. Journal of Economic History, 1989, 49(4): 803-832.

[251] Nyström K. The institutions of economic freedom and entrepreneurship: evidence from panel data[J]. Public Choice, 2008, 136(3/4): 269-282.

[252] Porter M E, Mcarthur J W. Executive summary: competitiveness and stages of economic development[J]. Journal of Symbolic Computation, 1988, 6(2): 323-343.

[253] Psacharopoulos G, Velez E. Education and the labor market in Uruguay[J]. Economics of Education Review, 1994, 13(1): 19-27.

[254] Psacharopoulos G. Economic principles for education: theory and evidence [J]. International Journal of Educational Development, 2002, 22(2): 208.

[255] Qian Y, Roland G. Federalism and the soft budget constraint[J]. American Economic Review, 1998, 88(5): 1143-1162.

[256] 戴维·罗默. 高级宏观经济学[M]. 吴化斌, 龚关, 译. 上海: 上海财经大学出版社, 2001.

[257] Romer P M. Increasing returns and long-run growth[J]. Journal of Political Economy, 1986, 94(5): 1002-1037.

[258] Romer P. Endogenous technological change [J]. Journlnal of Political Economy, 1990(98): 71-102.

[259] Rostow W W. The stages of economic growth: a non-communist manifesto[M]. Oxford: Cambridge University Press, 1990.

[260] Reynolds P, Bosma N, Autio E, et al. Global entrepreneurship monitor: data collection design and implementation 1998-2003 [J]. Small Business Economics, 2005, 24(3): 205-231.

[261] Ragnar T. Natural resources, rent seeking and welfare [J]. Journal of Development Economics, 2002, 67(2): 455-470.

[262] Rodríguez P J. La gestión del talento: enfoque concepttual y empírico[J]. Boletín De Estudios Económicos, 2001, 56: 423-442.

[263] Rogerson R, Restuccia D. Policy Distortions and Aggregate Productivity with Heterogeneous Plants [C]. Meeting Dissertations. Society for Economic Dynamics, 2004: 707-720.

[264] Richard Rubinson. Dependence, government revenue, and economic growth, 1955-1970[J]. Studies in Comparative International Development, 1977, 12 (2): 3-28.

[265] Rosenstein-Rodan P N. The problems of industrialization of eastern and south-eastern europe[J]. Economic Journal, 1943, 53(3): 202-211.

[266] Rosen S. The economics of superstars [J]. American Economic Review, 1981, 71(5): 845-858.

[267] Rajan R G, Zingales L. The great reversals: the politics of financial development in the twentieth century[J]. Journal of Financial Economics, 2001, 69(1): 5-50.

[268] Sobel R S. Testing Baumol: institutional quality and the productivity of entrepreneurship [J]. Journal of Business Venturing, 2006, 23 (6): 641-655.

[269] 亚当·斯密. 国富论[M]. 章莉, 译. 南京: 译林出版社, 2011.

[270] Strenze T. Allocation of talent in society and its effect on economic development[J]. Intelligence, 2013, 41(3): 193-202.

[271] Steve Newhall. A global approach to talent management: high-quality leaders

are the key to competitive advantage [J]. Human Resource Management International Digest, 2012, 20(6): 31-34.

[272] Rotolo, Christopher T. Strategy-driven talent management: a leadership imperative[J]. Personnel Psychology, 2013, 66(1): 304-308.

[273] Shleifer A, Vishny R W. Politicians and firms [J]. Quarterly Journal of Economics, 1994, 109(4): 995-1025.

[274] Shleifer A, Vishny R W. The grabbing hand: government pathologies and their cures[J]. American Economic AssociationDissertations & Proceedings, 1998, 87(2): 354-358.

[275] Sachs J D, Warner A M. The curse of natural resources [J]. European Economic Review, 2004, 45(4): 827-838.

[276] Schumpeter, J A. The theory of economic development [M]. Cambridge: Harvard University Press, 1934.

[277] Schumpeter. Capitalism, socialism, and democracy[M]. New York: Harper and Brothers, 1942.

[278] Segerstrom P S. Endogenous growth without scale effects [J]. American Economic Review, 1998, 88(5): 1290-1310.

[279] Sanders M, Weitzel U. The allocation of entrepreneurial talent and destructive entrepreneurship[J]. Wider Working Paper, 2010, 18(2): 459-490(32).

[280] Tan Y, Tian X, Zhang C, et al. Privatization and innovation: evidence from a quasi-natural experience in China[J]. Social Science Electronic Publishing, 2014, 37(4): 56-61.

[281] Ulrich D, Smallwood N. What is talent? [J]. Leader to Leader, 2012(63): 55-61.

[282] Williams. War on talent? : talent management under threat in uncertain times[J]. Cipd, 2009.

[283] Wong T J. Corporate governance research on listed firms in China: institutions, governance and accountability [J]. Foundations & Trends in Accounting, 2016, 9(4): 259-326.

[284] Zhang W, Cooper W W, Deng H, et al. Entrepreneurial talent and economic development in China [J]. Socio-Economic Planning Sciences, 2010, 44(4): 178-192.

[285] Whalley J., Zhao X. The contribution of human capital to China's economic

growth[J]. NBER Working Paper, 2010(w16592): 1-34.

[286]Xu L C, Zhu T, Lin Y M. Politician control, agency problems, and firm performance: evidence from a national survey of ownership restructuring in China[J]. Neuroscience, 2005, 4(7): 1007-1013.

[287]Young A. Gold into base metals: productivity growth in the People's Republic of China during the reform period[J]. Journal of Political Economy, 2000, 111(6): 1220-1261.

[288] Zagha R, Nankani G T. Economic growth in the 1990s: learning from a decade of reform. [J]. World Bank Publications, 2005, 44(4): 1150.

[289] Zheng S, Storesletten K, Zilibotti F. Growing like China [J]. American Economic Review, 2011, 101(1): 196-233.

[290]Zhu X. Understanding China's growth: past, present, and future[J]. Journal of Economic Perspectives, 2012, 26(4): 103-124.

附　　录

开放指标的构造

一级指标	二级指标	三级指标	计算公式	数据来源
开放度	对内开放度	区际市场活跃度	地区社会消费品零售总额/地区GDP	《中国统计年鉴》
		货运密度	地区货运周转量/地区运输线路长度	《中国统计年鉴》
		客运密度	地区客运周转量/地区运输线路长度	《中国统计年鉴》
		区际分工度	地区第二、三产业增加值/地区GDP	《中国统计年鉴》
		劳动力流动程度	地区年末人口增长率-地区年末人口自然增长率	《中国统计年鉴》
		技术依存度	国内技术购买和出售成交总额/地区GDP	《中国统计年鉴》
		信息流动性	地区互联网上网人数/地区总人口	《中国统计年鉴》
		经济虚拟化	快递数量/地区总人口	《中国统计年鉴》
		政府对经济的干预	政府对企业的所得税收入/地区GDP	《中国统计年鉴》
		法治环境	三种专利申请的批准量/地区总人口	《中国统计年鉴》

续表

一级指标	二级指标	三级指标	计算公式	数据来源
开放度	对内开放度	区际资金依存度	地区固定资产投资中的自筹投资/地区 GDP	《中国统计年鉴》
		进口依存度	进口/GDP	《中国统计年鉴》
		出口依存度	出口/GDP	《中国统计年鉴》
		外商投资进出口占比	外商投资进出口总额/地区 GDP	《中国统计年鉴》
		入境旅游人数	入境旅游人数/总人口	《中国旅游年鉴》
		旅游收入占比	国际旅游收入/地区 GDP	《中国旅游年鉴》
		外商投资企业数占比	外商投资企业数/总企业数	《中国统计年鉴》
		外商投资额占比	外商投资/地区 GDP	《中国统计年鉴》
		技术市场成交额占比	技术市场成交额额/地区 GDP	《中国统计年鉴》
		引进国外技术合同数占比	引进国外技术合同数/地区总人口	《中国科技统计年鉴》
		引进国外技术合同金额占比	引进国外技术合同金额/地区 GDP	《中国科技统计年鉴》
		版权引进和输出占比	版权引进和输出数/地区 GDP	国家版权局网站
		发表 SCI、ISTP 及 EI 论文数	发表 SCI、ISTP 及 EI 论文数/地区总人口	《中国科技统计年鉴》